# NORMAL I^er^,
# ROI DES FRANÇAIS

DU MÊME AUTEUR

*Bien plus que 20 ans*, Fetjaine, 2010.

*On ne nous dit pas tout !*, Fetjaine/France 2, 2009.

*Le Couple*, J'ai Lu, 2007.

*Ça va être ta fête, Maman !*, J'ai Lu, 2007.

*Belle, mince, sexy… et puis quoi encore ?*, Hors Collection, 2006 ; J'ai Lu, 2008.

*Le Guide de la belle-mère*, avec Anne Bromberger, Albin Michel, 1993.

***Livres pour enfants***

*Marie-Chantal la Cigale et Eugénie la Fourmi*, Atlas, 2011 ; Glénat, 2013.

*Théo le Corbeau et maître Renard*, Atlas, 2011 ; Glénat, 2013.

*Gaston le Héron*, Atlas, 2011 ; Glénat, 2013.

*Phildebert le Lièvre et Huluberlue la Tortue*, Atlas, 2011 ; Glénat, 2013.

ANNE ROUMANOFF

# NORMAL I^er^ roi des Français

*préface de Patrice Trapier*

*dessins d'Alex*

*l'Archipel*

www.editionsarchipel.com

Si vous souhaitez recevoir notre catalogue
et être tenu au courant de nos publications,
envoyez vos nom et adresse, en citant
ce livre, aux Éditions de l'Archipel,
34, rue des Bourdonnais 75001 Paris.
Et, pour le Canada,
à Édipresse Inc., 945, avenue Beaumont,
Montréal, Québec H3N 1W3.

ISBN 978-2-8098-1421-7

# Préface

C'est le rituel du vendredi soir. Vers 20 heures ou plus près de minuit, suivant les horaires de ses représentations, coup de téléphone au rédacteur en chef du JDD.

— Alors? s'inquiète l'humoriste. Hollande, Sarkozy, Valls, Obama, Leonarda, la crise financière, les rythmes scolaires?

— Mmmh, souffle le rédacteur en chef.

On n'imagine pas la difficulté de faire sourire chaque semaine à heure fixe. Le comique est un sacerdoce pour grands angoissés, Michel Audiard en savait quelque chose.

D'où vient l'inspiration? Se tarira-t-elle un jour? Quels sujets, quel angle, quelles formules? Comment être drôle tout en restant pertinent? Comment tenir trois ou quatre mille signes? Comment se renouveler? Encore Sarkozy? Toujours Hollande? Faire rire sur le pape, est-ce bien nécessaire?

— Mmmh, répète le rédacteur en chef.

Anne Roumanoff livre chaque semaine aux lecteurs du *Journal du Dimanche* son regard mordant ou attendri sur l'air du temps, les affaires de la France et du monde, s'inscrivant dans une longue tradition de belles plumes : René Barjavel, Philippe Labro, Claude Klotz, Ivan Levaï, PPDA, Katherine Pancol, Bernard Pivot, Michèle Stouvenot, sans compter les pleins et les déliés de Georges Wolinski.

Depuis sa prime enfance, Anne Roumanoff a deux passions : jouer et écrire. À quatorze ans, elle repoussait les heures de sommeil pour avaler les classiques : Balzac, sa *Comédie* (in)*humaine* ; Stendhal, sa chasse désespérée au bonheur... Son âme slave vibrait aux amours contrariées d'Anna Karénine et d'Alexis Vronski, aux questions existentielles du comte Pierre Bézoukhov dans la Russie envahie par les armées napoléoniennes dans *La Guerre et la Paix*.

Ses deux grands-mères, celle du Maroc, celle de Russie, lui ont transmis le goût du cri et de l'écrit, de l'art, du théâtre, tragédie et fantaisie, en même temps qu'une haute conscience de la justice et de sa fragilité, du nécessaire et précaire équilibre démocratique, de la capacité du monde à régulièrement replonger dans ses tourments. Tout comique est un inquiet qui ne s'ignore nullement, un élégant qui préfère en rire.

Étudiante à Sciences-Po dans la fameuse promotion 1986 (Copé, Beigbeder, Montebourg, Pujadas, Giordano, et même la future Frigide Barjot), Anne Roumanoff filait, entre deux amphis de politique économique et sociale, suivre des cours de théâtre, ce qui ne l'empêcha pas d'être une élève particulièrement brillante.

On retrouve dans son inspiration ces deux veines étroitement tressées, la comédie du pouvoir et la vie quotidienne (les relations parents-enfants, l'argent, l'amour, la mort), thèmes qu'elle entremêle à la scène comme à la plume, devant des spectateurs, des auditeurs ou des lecteurs conquis par ce regard qu'elle pose sur l'actualité. Depuis des années, le sondage Ifop-*JDD* la classe très haut dans le Top 50 des personnalités préférées des Français.

Qu'elle égratigne Normal Ier ou son prédécesseur Speedy-Sarko roi du monde, qu'elle raconte le crash de DSK dans une suite de New York, qu'elle s'alarme de la menace Marine Le Pen, elle le fait en observatrice avisée du monde politique, mais toujours avec les yeux narquois ou stupéfaits de son petit théâtre personnel : son beau-frère et sa bouchère ; son ado en panique avant un DST (devoir sur table), sa mère affolée ou excédée, ou les deux à la fois, sa stagiaire lymphatique, sa grande bourgeoise excitée à l'idée de manifester pour « sauver les riches »...

Tous ceux qui ont approché Anne Roumanoff savent son immense capacité de travail, son souci maniaque de la précision, sa capacité à raturer jusqu'à plus soif. Elle a toujours écrit la nuit, quand tout est calme, quand les fureurs de la ville, des maris et des enfants se sont tues, que le silence laisse place à la concentration, à l'inspiration. Des discussions avec son rédacteur en chef, elle retient une idée, un mot, puis sa plume la conduit dans les contrées lointaines de son imagination débridée.

Le matin, la vie reprend. Le *Journal du Dimanche* se met en ordre de marche pour un nouveau bouclage. Un premier texte arrive par e-mail. Très tôt, ou plus près de midi, selon que les mots, les phrases se sont faits dociles ou récalcitrants.

Certaines semaines, c'est du Roumanoff pur jus. D'autres fois, de grands maîtres se sont penchés sur sa copie : La Fontaine, Racine, Corneille, Hugo, mixés sous les éclairages digitaux de son Mac portable estampillé « Rouge vif ».

Commencent un ballet d'échanges, une nuée de dialogues menés au milieu de ses multiples activités, une émission pour Europe 1, une voiture, un train, un avion pour rejoindre un théâtre, une salle de spectacle.

Corriger néanmoins jusqu'au dernier instant une virgule incongrue, un adjectif mal sonore, améliorer la chute, jeter un œil à distance sur la mise en pages, miracle des ordinateurs, couper, rallonger, recouper... Jusqu'à ce que le rédacteur en chef signale que l'heure est passée, que l'imprimerie attend, mais aussi, à la suite de ces belles machines aux effluves d'encre, les voitures de livraison, les vendeurs et les premiers lecteurs...

Dès lors, le petit miracle hebdomadaire – un journal à date fixe, quelle folie quand on y pense ! – peut s'étaler sur les tables dominicales du petit déjeuner, aux terrasses ensoleillées à l'heure de l'apéro, sur le zinc pour le café. Feuilletage, pliage, lecture, rire, sourire, puis les pages se froissent et s'envolent.

Jusqu'au vendredi suivant, vers 20 heures ou plus près de minuit...

Patrice TRAPIER
*directeur adjoint de la rédaction du* Journal du Dimanche

# 1

# PETITES CHRONIQUES DU RÈGNE DE NORMAL Ier

# Scandale à la Cour !

*Le magazine* Closer *révèle une liaison entre François Hollande et l'actrice Julie Gayet. La première dame, Valérie Trierweiler, est hospitalisée quelques jours. Le pays attend l'épilogue du feuilleton politico-sentimental.*

Imaginez-vous, ma chère, l'histoire la plus incroyable que l'on puisse imaginer. Le roi Normal I$^{er}$ a été surpris alors qu'il rendait une galante visite sur son noir destrier à une belle actrice Julie de La Gayette. Le souverain avait gardé son armure pour ne pas être reconnu, mais une gazette sans scrupule a rapporté la bonne fortune du roi avec force détails.

C'est un scandale qui secoue la royauté d'une manière inouïe. On ne parle que de cela dans le royaume depuis huit jours. Les rumeurs les plus folles circulent. Tout le monde parle sans savoir et ceux qui savent ne parlent pas.

Le peuple de France qui, comme vous le savez, est indulgent pour ce genre de grivoiseries, a d'abord commencé par en rire. « Quelle importance ! Chez les rois, l'infidélité est preuve de bonne santé. » Puis certains se sont agacés : « Comment le roi, vu la lourdeur de sa tâche, trouve-t-il du temps à consacrer à la gaudriole ? » D'autres ont ironisé : « Qui eût pu deviner que, derrière cet air mal assuré, se cachait le Casanova du Régécolor ? »

Tout cela aurait pu être juste une farce conjugale si la duchesse de Trierweiler n'avait si mal pris la chose. À l'annonce de sa mauvaise fortune, la duchesse a crié, pleuré, tempêté, puis s'est trouvée tellement faible que l'on a dû faire venir en urgence le médecin de la Cour pour lui faire respirer des sels et lui administrer une potion calmante. Le roi Normal Ier, qui, comme vous le savez, a horreur des effusions, s'est trouvé fort embarrassé. « Quelle indignité ! ne cessait-il de répéter. On doit respecter la vie privée des rois. »

Depuis, personne n'a revu la duchesse. On murmure qu'elle se reposerait à l'hospice de la Pitié-Salpétriêtre. Le roi lui a fait porter des fleurs et des chocolats, mais il a tardé à la visiter. Les ennemis de Normal Ier ont aussitôt colporté que le souverain n'avait pas de cœur, mais il semblerait que ce soient les médecins qui lui aient interdit de venir, tant la duchesse était affaiblie par le chagrin.

Depuis le scandale, la belle actrice n'est plus apparue en public, mais des gravures de son joli minois circulent partout dans Paris. Comme toujours dans ce genre d'affaires, la maîtresse du roi est plus jeune et fraîche que la duchesse, et l'on murmure qu'elle a le caractère plus doux.

Vous savez comme je suis friande de secrets croustillants, mais tous ces détails intimes que l'on nous révèle chaque jour me donnent presque la nausée. La reine Bernadette de la Chiraquie et la duchesse Danielle de la Mitterrande feignaient d'ignorer les frasques de leurs rois chéris, mais c'était à un autre siècle, quand les femmes n'avaient d'autre choix que de se soumettre. La marquise Anne de Sainclair, qui est restée étonnamment droite et digne lors de la trahison du baron de la Strauskhanie, a fini par le renvoyer. Quant à la comtesse du Poitou, elle a toujours su garder la tête haute dans l'adversité… La duchesse

PROMESSE TENUE
LE CHANGEMENT C'EST MAINTENANT !
ALEX.

Valérie est, hélas, trop impétueuse pour arriver à sourire quand elle a le cœur déchiré. Le roi s'inquiète, un peu tard, des réactions imprévisibles de la duchesse. Qui gagnera ? Le pouvoir de l'amour ou l'amour du pouvoir ? Espérons seulement que cette pitoyable comédie ne finisse pas en tragédie.

*(19 janvier 2014)*

# La bonne année de Normal Ier

*Lors de ses vœux du 31 décembre 2013, François Hollande propose un pacte de responsabilité avec les entreprises : baisse de charges contre promesse d'embauches.*

Le pouvoir était une chose compliquée : il fallait plaire à ses sujets, rassurer les entrepreneurs, se faire obéir de ses ministres, satisfaire ses partisans, séduire les gazetiers et s'entendre avec la reine Angela d'Allemagne qui régentait toute l'Europe. Parfois, Normal Ier se sentait gagné par une immense fatigue teintée de lassitude.

Son entourage lui pesait. Lui, d'ordinaire tellement bonhomme, piquait désormais de sourdes colères. Il ne supportait plus Ayrault de Nantes qui refusait obstinément d'envisager de quitter sa charge ; il était agacé par l'ambition avouée du comte Valls d'Évry qui ne manquait pas une occasion de se faire remarquer. Seul le duc Sapin de Polemploi trouvait grâce à ses yeux. Sapin de Polemploi n'avait aucune ambition personnelle, il était moyen en tout et vraiment bon en rien.

Pas une réunion de famille, pas un café de village, une antichambre de médecin ou une échoppe de commerçant où l'on ne critiquât le roi avec une infinie virulence. Flanby le ramolli, Fanfan la teinture ou Pépère de Corrèze…, les surnoms étaient aussi nombreux que peu flatteurs.

Le roi semblait indifférent aux critiques. «J'avais anticipé tout cela», aimait-il à répéter. Parfois, pourtant, Normal Ier s'interrogeait. N'eût-il pas mieux été inspiré de s'en tenir à sa chère Corrèze? Que se serait-il passé si le baron de la Strausskahnie n'avait pas eu ce goût immodéré pour les femmes?

Les Français étaient, décidément, le peuple de la terre le plus difficile à gouverner. Ils réclamaient de la sécurité mais ne supportaient pas qu'on empiète sur leurs libertés. Ils haïssaient les privilèges mais refusaient qu'on touche à leurs petits avantages. Ils réclamaient sans cesse du changement mais s'opposaient à ce qu'on modifie leurs chères habitudes.

Normal Ier songeait parfois à tous les sacrifices qu'il avait faits pour arriver à régner : que de relations savamment entretenues, que de mains serrées, que de sourires de convenance, que de petites trahisons et de grands mensonges, que de déplacements épuisants, que de repas trop gras, que de promesses non tenues, que de maîtresses trop vite abandonnées, que d'enfants à peine entrevus…

La vérité est que, pour exercer les plus hautes fonctions au royaume de France, il fallait une énergie hors du commun et un grand dessein pour son pays. Le roi Nicolas et le roi Jacques possédaient l'énergie, le prince François de la Mitterrandie le grand dessein, Normal Ier n'avait ni l'un ni l'autre.

Lors de ses vœux de bonne année, Normal Ier se résolut à proposer les remèdes qu'il avait tant décriés chez son prédécesseur le roi Nicolas. Il n'avait pas le choix. La santé du pays n'était pas bonne : l'économie était grippée, la fièvre du racisme montait, une épidémie de lepénite menaçait. La duchesse Vallaud de Belkacem annonça que le roi allait gouverner par ordonnances.

Jadis, Normal Ier s'était indigné avec fougue contre cette pratique. On le lui fit remarquer, le roi haussa les épaules. Puisque, en 2013, il n'avait pas réussi à changer la France, en 2014, il allait tenter de se changer lui-même. C'était déjà un commencement.

*(5 janvier 2014)*

# Normal I$^{er}$ dans le pétrin

*En Bretagne, les « bonnets rouges » manifestent leur opposition à l'écotaxe. Un documentaire inédit montre le couple Sarkozy dans les coulisses pendant la campagne de 2012. Jean-Louis Borloo et François Bayrou signent un pacs politique.*

Occuper les plus hautes fonctions n'était pas un conte de fées, Normal I$^{er}$ le mesurait chaque jour. Souvent, il se prenait à rêver du temps heureux où il n'était pas responsable de grand-chose. Comme sa vie était douce alors ! Il déjeunait avec des amis dans de bonnes auberges, il parlait, il riait, refaisait le monde, charmait les gazetiers, amusait les femmes…

En ce temps-là, Normal I$^{er}$ avait l'esprit tranquille et la plaisanterie facile. Les gens s'esclaffaient de ses saillies. Aujourd'hui, il ne parvenait même plus à se souvenir de la dernière fois où il avait fait un trait d'esprit.

Le front soucieux, le regard figé, le corps raide, engoncé dans un costume trop grand pour lui, Normal I$^{er}$ tentait pourtant de faire bonne figure dans l'adversité. Pourtant, tout partait en quenouille.

En Armorique, la jacquerie des « bonnets rouges » lui causait bien du souci. Les couvre-chefs dont s'étaient accoutrés les insurgés, donnaient à leurs rassemblements l'étrange allure d'une réunion géante de lutins. Le souverain envoya le duc Stéphane

Le Foll sur les terres d'Armor. Ce bel homme élégant apporta dans son escarcelle des espèces sonnantes et trébuchantes pour calmer la révolte. Las, on ne peut discuter avec des gens en colère, l'émotion leur tient lieu de raison.

Chaque jour, malgré toutes les attentions de la duchesse de Trierweiler, Normal Ier goûtait à l'immense solitude des puissants. Ceux qui auraient dû s'employer à le soutenir ne semblaient songer qu'à préparer leur avenir. La comtesse Martine de Lille était soudain réapparue, plus mordante que jamais. La comtesse du Poitou était étonnamment silencieuse, et Normal Ier savait d'expérience que cela ne présageait rien de bon. Le marquis de Montebourg battait froid au sieur Ayrault de Nantes. Quant au comte Valls d'Évry, depuis l'affaire de la petite Gitane, il s'était muré dans un silence réprobateur en attendant son heure.

Et cela, tandis que le pire ennemi de Normal Ier, le roi Nicolas, gazouillait de bonheur auprès de la princesse Carla. C'est du moins ce qu'avait rapporté Madame de Khelfa à toute la Cour. Quant au duc Bayrou de Pau, il s'était uni à M. Borloo de l'Udellie dans des noces improbables qui avaient suscité l'hilarité générale.

Parfois, Normal Ier se demandait si un mystérieux ennemi ne lui avait pas jeté un sort maléfique tant les difficultés s'accumulaient. À peine croyait-il pouvoir sortir la tête de l'eau qu'une nouvelle bourrasque arrivait qui le submergeait. À peine célébrait-il une bataille des temps anciens dans un beau discours salué par le chevalier Copé de Meaux, pourtant ennemi politique acharné, qu'il était informé que des gentilshommes venus des Amériques, les sieurs Standard and Poor's, racontaient partout ne lui faire aucune confiance.

Quand il songeait à tous ses tracas, Normal Ier levait parfois les yeux vers le ciel pour implorer le Très-Haut dans une prière muette et désespérée :

*Seigneur, je vous prie de m'aider*
*Seul un miracle, par vous initié,*
*Pourrait me sortir de ce bourbier.*

*(10 novembre 2013)*

# Le roi de la synthèse

*François Hollande est au plus bas dans les sondages, Manuel Valls au plus haut. Le ministre de l'Intérieur s'interroge sur les « modes de vie » des Roms « extrêmement différents des nôtres ». Cécile Duflot s'insurge.*

Normal Ier aimait bien être roi. Il avait eu du mal, au début de son règne, à supporter tous ces regards sur lui, perpétuellement posés, mais il jouissait maintenant pleinement de sa fonction. L'excellence des cuisiniers du palais de l'Élysée, les mets délicats servis pendant les voyages officiels lui avaient bien profité, Normal Ier avait repris son embonpoint initial.

La duchesse de Trierweiler, qui avait appris à se faire plus discrète, le regardait se resservir sans broncher. Parfois, elle tentait de le sermonner doucement. « Ne mange pas trop, François. » Sa Majesté s'indignait : « Je déciderai le moment venu de ce qu'il faut faire, compte tenu du contexte qui n'est pas simple, mais je m'engage à inverser la courbe de mon poids avant la fin de l'année. »

Si on lui faisait part du mécontentement grandissant des sujets du royaume, Normal Ier répondait en dodelinant de la tête d'un air entendu : « Je le sais bien ! Vous croyez peut-être que je ne le sais pas ? » Et son interlocuteur restait coi.

Quand Normal Ier s'appelait encore François de Solferino et que personne ne le considérait, il avait beaucoup observé Mitterrand l'Impénétrable, Chirac le Jovial et Nicolas l'Agité et il avait compris que, quoi qu'un souverain fasse, vient toujours un moment où ses sujets le détestent. Son impopularité le laissait presque indifférent tant il éprouvait d'affection pour sa personne.

Le roi se rendit en Lorraine, dans le lieu-dit de Florange, accompagné par la duchesse de Filippetti. Cette noble femme d'extraction populaire avait pour grande qualité de savoir écouter sans parler, au contraire des ministres qui, souvent, parlent sans écouter. Le flamboyant marquis de Montebourg fut fort meurtri de n'avoir pas été convié par le roi, mais il était en disgrâce.

Le ministre préféré du peuple était désormais le comte Valls d'Évry. Son air soucieux et sa mine fatiguée contrastaient avec la béatitude bienheureuse affichée par Normal Ier. Le comte Valls d'Évry se disait préoccupé par « l'exaspération, la colère et la souffrance » qu'il sentait monter chez le peuple.

Après avoir bataillé contre la duchesse Taubira de Guyane, le comte Valls d'Évry se heurta à la vicomtesse Duflot de Paroles à propos des Roms, cette population misérable qui vivait en lisière des villes dans des campements insalubres. On accusait les Roms de voler, mais ils n'avaient pas le droit de travailler. Intégrer ou expulser?

Humanisme ou fermeté? Le roi se devait de trancher.

Normal Ier n'osa renvoyer la vicomtesse Duflot de Paroles par peur de contrarier l'électorat vert. Quant au bouillonnant comte Valls d'Évry, impossible de s'en séparer tant il était populaire. Le roi, qui avait pour devise « Ne jamais décider aujourd'hui ce que l'on peut repousser à demain », chargea sieur Ayrault de Nantes de rappeler sa position : « Fermeté ET humanité. »

La gauche désunie, la droite en bouillie… La marquise de La Lepénie regardait la situation se dégrader avec satisfaction. En mars, elle le pressentait, elle pourrait remercier Normal I$^{er}$ de ne jamais savoir trancher.

*(29 septembre 2013)*

# Normal Ier et le sieur Depardieu

*Quand Obélix et Cyrano réunis veulent quitter la France pour cause d'impôts trop lourds, l'affaire prend vite un tour de psychodrame national.*

Normal Ier eut un début de mois de décembre assez tranquille. Les disputes incessantes du chevalier Copé de Meaux et du duc Fillon de la Sarthe occupèrent tant les gazetiers qu'ils en oublièrent de le critiquer. Depuis six mois qu'il était élu, Normal Ier avait été la proie d'attaques incessantes. On raillait sa rondeur, sa manière de contourner les problèmes et son refus persistant de trancher. Aussi, quand la sanglante bataille de l'UMP démarra, Normal Ier éprouva une satisfaction silencieuse à voir s'entre-tuer ceux qui, par le passé, s'étaient tant moqués des guerres intestines socialistes.

Un petit incident, en apparence anodin, dégénéra cependant en guerre violente : un saltimbanque de grande renommée, Gérard Depardieu de Châteauroux, annonça avec fracas quitter le royaume pour vivre en Belgique. Il n'était pas le premier artiste à passer la frontière pour protéger sa fortune, mais d'ordinaire les fugitifs quittaient le pays en toute discrétion. Si on les interrogeait sur leur départ, ils niaient, la main sur le cœur :

— Je développe des projets à l'étranger mais je continue à payer mes impôts en France.

— C'est pour que mes enfants grandissent normalement. J'avais besoin de marcher dans la rue sans être reconnu.

Le sieur Depardieu, lui, s'accommodait mal des masques hypocrites de la bienséance sociale : quand il buvait, c'était jusqu'à plus soif, quand il mangeait, c'était à s'en faire éclater la panse.

C'était un ogre joyeux et désespéré, jouisseur et fragile, qui faisait tout avec démesure.

Sieur Ayrault de Nantes, qui disait ce qu'il pensait – ce qu'il ne faut jamais faire en politique –, eut le malheur de qualifier ce départ de « minable ».

Le monument national, outragé, lui répondit par une lettre enflammée qui mit le feu au pays. Dans les estaminets, on ne parlait plus que de cela : « Il a raison, le Gérard ; moi, à sa place, je ferais pareil », jugeaient les uns. « Qu'il s'en aille, bon débarras ! », déclaraient les autres avant de conclure : « Après tout, on s'en fout, il fait ce qu'il veut. »

Bientôt, tout le monde se mêla de donner son avis et l'affaire devint aussi disproportionnée que le tour de taille du saltimbanque.

Laurence Parisot duchesse du Medef dénonça un climat digne de 1789. D'autres rappelèrent qu'il y avait huit millions de sans-culottes au-dessous du seuil de pauvreté.

Le pays était divisé comme jamais : les riches contre les pauvres, l'intérêt collectif contre la jouissance individuelle, l'idéalisme social contre le pragmatisme économique…

Normal Ier tenta en vain d'aplanir les choses : « Payer ses impôts en France, c'est servir son pays », proclama-t-il mollement. Las, on ne peut éteindre un incendie avec un filet d'eau tiède.

Pouvait-on retenir les riches en leur disant seulement : « Ça n'est pas bien de partir » ?

Normal Ier faisait mine de le croire, il attendait surtout avec impatience les fêtes de fin d'année, espérant que toutes ces violentes polémiques s'éteindraient dans la douce torpeur des agapes du réveillon… pour ceux qui avaient encore les moyens de festoyer.

*(23 décembre 2012)*

# Quand Normal Ier doute…

À l'automne, le roi Normal Ier apprit une nouvelle qui l'attrista infiniment : le royaume était frappé par une crise économique d'une exceptionnelle gravité.

Le peuple le pressa d'agir, mais Normal Ier, de par son tempérament tranquille, ne haïssait rien tant que la précipitation. Il avait une devise qui, jusqu'ici, lui avait plutôt bien réussi : « Dans le doute, abstiens-toi. Quand tu ne sais pas, laisse le temps décider pour toi. »

Hélas, le peuple, en ces temps troublés, ne connaissait guère la patience. Dans l'ombre, sieur Mélenchon de Grognongnon attendait le moment opportun pour prendre la tête de la contestation. La seule à qui la situation profitait était la marquise Marine de La Lepénie. Les atermoiements de Normal Ier et la violence de la crise économique faisaient naturellement monter ses idées sans qu'elle eût même besoin de s'exprimer.

Depuis la destitution du roi Nicolas, le chevalier Copé de Meaux et le duc Fillon de La Sarthe s'affrontaient sans merci pour la direction du château UMP. Fillon de La Sarthe était un homme sérieux, sombre, un peu ennuyeux, la raison incarnée. Copé de Meaux avait des excès, des indignations, il tablait sur l'émotion. Conscient du succès grandissant de la marquise de La Lepénie, le chevalier Copé de Meaux n'hésitait pas à emprunter ses idées, pour, prétendait-il, mieux la contrer. Désolé par le tour que prenait le débat, le baron Borloo de l'Udeillie tenta de regrouper autour de lui quelques gentilshommes modérés tandis que le prince Bayrou de Pau, muré dans un silence attristé, espérait être, un jour, le recours.

La situation était grave, c'était bien la seule chose sur laquelle tout le monde était d'accord. Normal Ier avait perdu la douce jovialité qui avait fait son succès. Soucieux, amaigri, il confia à sa bien-aimée, la duchesse de Trierweiler : « Je ne pensais pas que cela serait si dur. » Parfois, il se remémorait avec nostalgie le temps insouciant où il ne régnait pas et se prenait à rêver : si seulement le duc de La Strausskahnie n'avait pas eu cette vie privée débridée, c'est lui qui, aujourd'hui, aurait à gérer toutes ces difficultés…

Son bras droit, le très dévoué sieur Ayrault de Nantes, avait le malheur de déplaire aux échotiers du royaume. Quoi qu'il fasse, il était cruellement raillé. Le souverain hésitait pourtant à s'en séparer : le sieur Ayrault de Nantes n'était peut-être pas le meilleur mais c'était sûrement le plus loyal.

À qui pourrait-il bien faire confiance ? Au comte Valls d'Évry, qui, enivré par sa récente popularité, avait des ambitions personnelles ? Au chevalier de Montebourg, énergique certes, mais tellement impulsif ? À dame Martine, princesse de Lille, l'ennemie de toujours ? Sans compter la comtesse Ségolène du Poitou, qui réclamait, avec de plus en plus d'insistance, un poste en rapport avec son rang. Et la reine Angela d'Allemagne qui entendait diriger toute l'Europe sans même le consulter…

Songeant à tout cela, Normal Ier soupira puis il s'interrogea : et si ses détracteurs disaient vrai, peut-être était-il trop normal pour être roi ?

*(4 novembre 2012)*

# Sous le signe du parapluie

*Cinq mois après, que reste-t-il de la présidence normale? Des souvenirs de pluie battante, des bisbilles dans l'entourage du président et une difficulté à combattre la crise économique.*

Dès le début de son règne, Normal Ier montra qu'il voulait, en rupture avec les habitudes prises par son prédécesseur, aller vers plus de simplicité dans l'exercice du pouvoir. Ainsi, le jour de son investiture, il plut à verse, mais Normal Ier se refusa à prendre un parapluie. L'eau dégoulina sur ses lunettes transparentes, son costume était trempé, mais Normal Ier affronta les intempéries avec une dignité qui força le respect. C'était sa façon de faire face aux obstacles : les ignorer, serrer les poings et attendre que l'orage passe.

Le peuple s'enthousiasma pour Normal Ier et son style sans ostentation. « Pourquoi prendre l'avion? s'indignait-il. Je voyagerai en train comme un citoyen ordinaire. »

Normal Ier serrait chaleureusement les mains de tous les sujets du royaume, faisait des bisous aux enfants dans les écoles et avait un mot aimable pour chacun.

Il nomma le bourgmestre de Nantes, sieur Ayrault, un homme calme et sérieux, gouverneur du royaume.

Sieur Ayrault de Nantes était tellement raisonnable qu'il avait du mal à canaliser la fougue de ses ministres. Ainsi, le duc de Peillon annonçait régulièrement des mesures surprenantes sans jamais avoir consulté au préalable le gouverneur.

La vicomtesse Duflot de Paroles avait fait sienne cette devise : « Toujours insoumise, jamais démise. » Quant au comte Valls d'Évry, il prenait chaque jour des initiatives musclées que le bon peuple appréciait, trouvant chez lui la poigne qui faisait tant défaut à Normal I^er^.

Las, les caisses de l'État étaient vides, les fabriques fermaient les unes après les autres. Le marquis de Montebourg, chargé de redresser l'activité du royaume, avait beau tempêter, pester, s'indigner, rien n'y faisait.

C'est la marquise Chazal de la Une qui osa poser à Normal I^er^ une question d'une terrible insolence : « Qu'allez-vous faire maintenant ? » Le souverain la rassura : « Ne vous inquiétez pas, j'ai tout noté dans mon agenda. »

Normal I^er^ n'eut d'autre choix que d'augmenter les impôts, mais dans le même temps il engagea des milliers d'agents publics. Ses conseillers s'inquiétèrent : « Comment pouvez-vous réduire la dette du royaume si vous augmentez les dépenses ? » Normal I^er^ éluda ; à ceux qui insistaient, il répondit : « On verra. »

C'était la tactique qui avait fait son succès, naviguer à vue au gré des événements, courber la tête, attendre les éclaircies et au besoin faire demi-tour devant l'adversité.

Ainsi, en voyage aux Amériques, Normal I^er^ préféra rebrousser chemin plutôt que d'aller saluer publiquement la comtesse Ségolène du Poitou, qu'il avait pourtant aimée pendant plus de vingt ans. On murmura que c'était pour éviter de susciter le courroux de

ALEX.

sa favorite, la belle duchesse de Trierweiler, qui jalousait la comtesse du Poitou au-delà du raisonnable.

Mais la principale interrogation n'était pas là : cet homme tranquille et intelligent, n'était-il pas trop ordinaire pour faire face à une crise aussi extraordinaire ?

*(30 septembre 2012)*

# 2

# FABLES D'AUJOURD'HUI

# Le ministre et le bouffon

*En décembre 2013, Manuel Valls lance l'offensive politique et judiciaire contre Dieudonné qui, dans son dernier spectacle, multiplie les déclarations antisémites.*

Un bouffon passait les limites
En s'étant révélé, plusieurs fois, clairement antisémite.
Condamné à maintes reprises, il prenait un malin plaisir à récidiver.
Ayant organisé son insolvabilité,
Le bouffon riait au nez des huissiers.
Le bouffon se produisait dans une petite salle,
Où il menait une carrière plutôt marginale.
Sa réputation d'infréquentable
Et son talent de comédien incontestable
Attiraient un public fidèle et nombreux,
Ses propos étaient tendancieux,
Choquants, parfois odieux,
Mais, somme toute, confidentiels.

Entre Noël et le jour de l'an, entre deux réveillons,
Un ministre désireux de briller se mit soudain en tête de faire taire le bouffon.
Plutôt que de laisser faire la justice
Plutôt que de déclencher un contrôle d'Urssaf
Ou de réclamer des arriérés d'impôts,

Bref, d'employer tous ces instruments à disposition
de l'administration
Pour pourrir la vie de ceux que l'on veut ennuyer,
Le ministre pondit, à toute vitesse, une circulaire
Pour interdire au bouffon de jouer son spectacle.
L'intention était sans doute louable,
Le résultat fut désastreux.

De comique marginalisé, le bouffon devint superstar.
Durant une semaine, on prononça son nom matin,
midi et soir.
On débattit de son cas, on interrogea des avocats.
On filma son public, on questionna les politiques.
L'interdiction du spectacle du bouffon devint une
telle affaire d'État
Que même le président son avis donna.
Pour se faire une opinion, certains allèrent regar-
der ses vidéos sur Internet.
Si d'aucuns furent dégoûtés, d'autres furent séduits.
« D'accord, il n'a pas tout à fait raison, mais il n'a
pas complètement tort. »

Les insatisfaits de la société, les exclus, les mécon-
tents,
Tous les hommes en colère virent soudain dans
le bouffon
Leur porte-opinion.
« Et puis quoi ? Il y aurait donc un humour
Officiel autorisé par le gouvernement parce que
"pas dérangeant"
Et un humour interdit ? Cela créait un fâcheux pré-
cédent. »
« Mais ce n'est plus de l'humour, argua le ministre.
Ce monsieur n'est plus un artiste, c'est un polé-
miste antisémite. »

Le spectacle fut interdit par le préfet, puis, par le tribunal administratif, autorisé.
Quand l'interdiction fut confirmée par le Conseil d'État,
Le ministre pavoisa,
Croyant, à tort, avoir gagné le combat.
Las, c'était ignorer que, sur le Net, dans les cafés,
La parole antisémite se libérait comme jamais.

Quand le ministre comprit où son impétuosité l'avait entraîné,
Il était trop tard pour reculer.
Le bouffon, lui, se frottait les mains,
L'artiste marginalisé était devenu un martyr de la liberté d'expression.
Ce spectacle était interdit, il en ferait un nouveau,
Il vendrait ses DVD par milliers, ferait une grosse tournée…

Voilà comment un ministre, croyant bien faire,
Transforma une petite tumeur de misère en un gros cancer.

*(12 janvier 2014)*

# Le renard Copé et le hibou Fillon

*Le 18 novembre 2012, à l'issue d'un scrutin confus et mal organisé, les deux candidats à la présidence de l'UMP, Jean-François Copé et François Fillon, se déclarent vainqueurs.*

La maison UMP fut longtemps dirigée
Par l'aigle Sarkozy avec autorité.
Les conflits étaient étouffés et l'union imposée.
Une fois l'aigle envolé, pour lui succéder,
Il y eut pléthore de volontaires.
Le poisson Guaino, la panthère Nathalie, l'inconnu Le Maire…
Bientôt ne restèrent que deux candidats.
Le renard Copé était un rusé,
Vraiment prêt à tout pour y arriver.
Fillon le hibou avait le regard fatigué sous ses sourcils froncés,
Mais c'était un animal féroce, très obstiné.

Au début, le combat fut poli, on se donnait du «cher ami,
Après moi, je vous en prie».
Mais, bientôt, chaque camp se durcit.
À ceux qui s'inquiétaient de leurs divisions,
Le renard et le hibou répondaient à l'unisson:
«Ne vous inquiétez pas, les électeurs trancheront.»

Las, quand vint l'élection, le compte n'était pas bon.
«C'est moi le vainqueur! annonça le renard culotté.
— Mais non, c'est moi», s'étouffa le hibou, scandalisé.
Une commission au curieux nom de perroquet,
La Cocoe, dirigée par un vieil oiseau déplumé,
Fut chargée de compter et recompter les voix,
Pour départager enfin les deux candidats.
Mais, quand le renard cria victoire, le hibou retrouva des bulletins.
S'ensuivit un combat sans merci qui sembla ne jamais prendre fin.
Le renard Copé s'entêtait à répéter: «C'est moi qui ai gagné.»
Et Fillon le hibou, obstiné, lui répondait: «Jamais!»

Le vieux lion Juppé assistait impuissant à ce pugilat,
Il intervint en élevant la voix:
«Regardez ce que vous avez fait! La maison UMP
Que vous avez tant convoitée est dans un triste état,
À moitié détruite par votre combat.
Si vous continuez à vous entêter,
Bientôt, plus rien vous ne posséderez...»
Juppé avait raison, la maison UMP était en train de brûler
Dans l'incendie déclenché par cette lutte acharnée.
Les habitants dégoûtés par le comportement infantile et borné
De ces deux animaux par la haine aveuglée,
S'enfuyaient aussi loin qu'ils pouvaient.

Soudain, on entendit un gloussement satisfait.
C'était dame Marine qui se réjouissait.
Au fur et à mesure que la maison UMP se consumait,
Le grenier FN prospérait.

«Merci, leur cria-t-elle, et surtout continuez à vous entre-tuer,
Et je continuerai d'accueillir vos soutiens déboussolés.

— Oui, merci, renchérit le sieur Hollande,
Pendant qu'on parle tant de votre combat,
On me lâche enfin, je respire un peu, moi.
Si vous pouviez vous battre encore un moment
Cela me permettrait de rester dix ans président.»

Les deux ennemis, honteux et contrits,
S'accusèrent mutuellement de ce terrible gâchis.
Ils avaient tout perdu à vouloir trop gagner,
Ils avaient tout détruit à vouloir tout garder.

*(25 novembre 2012)*

# La cigale grecque et la fourmi allemande

*L'Europe se trouve divisée entre les pays du Nord excédentaires et ceux du Sud déficitaires. Et la France, de quel côté va-t-elle tomber?*

Les cigales grecques, espagnoles et italiennes,
Ayant dépensé depuis des années,
Se trouvèrent fort dépourvues
Quand les taux d'intérêt vinrent à augmenter.
Plus moyen de se financer sur les marchés,
Aucun spéculateur ne voulait plus leur prêter.

Les cigales méditerranéennes allèrent crier famine
Chez la fourmi allemande et la cigale française, leurs voisines,
Les priant de leur prêter quelques milliards d'euros pour subsister.

«Que faisiez-vous aux temps chauds? demanda la fourmi à ces emprunteuses.
— Comme la cigale française,
Nuit et jour, à tout venant, on dépensait, ne vous déplaise.
— Vous dépensiez, j'en suis fort aise.
Eh bien, austérité pour tous maintenant!»

*(11 décembre 2011)*

# Lièvre de Washington et tortue de Corrèze

*Le 31 mars 2011, François Hollande s'est déclaré candidat depuis sa «bonne ville de Tulle». Dominique Strauss-Kahn, lui, fait la navette entre Washington et Paris; il multiplie les «off» auprès des journalistes et s'en va dîner dans la Porsche de son plus proche conseiller.*

Tortue de Corrèze avait beaucoup d'amis
Qui moquaient sa molle bonhomie.
Certains l'avaient même affublé du surnom de «Flanby».
Les gens disaient de lui: «François, c'est un gentil.»
Cette phrase étant souvent connotée de mépris,
Mais Tortue, depuis longtemps, attendait son heure.

En 2007, la belette Ségolène démarra la première.
Tortue de Corrèze rongea son frein
Et, un peu contraint, applaudit des deux mains.
«Patience, disait François, mon heure viendra.»
On l'écoutait, narquois, en murmurant tout bas:
«Certes, il est sympa, mais ça ne suffit pas.»

Lièvre de Washington était un homme pressé,
Intelligent, brillant, séducteur et gourmand.
Le pouvoir, les femmes, l'argent,
De jouir de tout, il était impatient.

Aussitôt élu, le lion Sarkozy
Incita le lièvre à partir aux États-Unis,
Un poste prestigieux, de grandes responsabilités, qui aurait eu le cœur de refuser?
Se justifiait le lièvre quand on lui reprochait d'avoir accepté.
En lui-même il songeait: «Washington, c'est plus amusant que Sarcelles.
Là-bas, je remplirai mon escarcelle,
Je fréquenterai les dirigeants du monde entier
Et quand, le moment venu, je reviendrai,
Les Français seront forcément à mes pieds.»

Au début, tout se déroula comme prévu.
Le lièvre de Washington était roi des sondages,
Tandis qu'en bas du classement se traînait la tortue.
Le lièvre courait de jets privés en avions,
De décalages horaires en réunions.
Quand, sur la France, son avis on lui demandait,
Le lièvre répondait: «Ma fonction ne me permet pas de m'exprimer.»
Et tous en chœur, de s'extasier: «Quel avis pertinent! Quel homme intelligent!»
Les médias vénéraient le lièvre de Washington
Quand la tortue en sortit une bien bonne:
«Gageons que vous ne serez pas désigné aux primaires.
— Pas désigné? Êtes-vous sage?
Avez-vous seulement vu les sondages?
Je vole de New York à Tokyo, de Rome à Shanghai,
Quand vous vous rendez de Limoges à Brive en train Corail.»

C'est à Tulle qu'un peu ému Tortue de Corrèze se déclara candidat.
Pour alléger sa carapace, il avait tant perdu de poids

Que ses amis le surnommaient désormais « Little Gouda ».
Notre lièvre, avec ses états d'âme de diva,
Laissa la tortue envahir les médias.
Tortue de Corrèze se hâtait avec lenteur,
Répondait aux journaux, parlait à la radio,
Serrait toutes les mains, discutait avec chacun.
De lui, désormais, on disait : « Cet homme vraiment charmant
Pourrait bien avoir l'étoffe d'un président. »

On photographia le lièvre à côté d'une voiture de prix,
Un véhicule rapide et luxueux comme lui.
« Après Mitterrand la force tranquille,
Voici la Porsche tranquille », raillèrent ses ennemis.

Le lièvre ne daigna pas répondre à ces coups bas :
Il était tellement au-dessus de tout ça !
Quand, à la fin, il vit que Tortue était favori des primaires,
Il partit comme un trait ; mais les élans qu'il fit
Furent vains : Tortue arriva le premier.
Humilité vaut mieux que suffisance,
La gentillesse parfois est une vraie compétence.

*(8 mai 2011)*

# La louve et la brebis

*La nouvelle présidente du FN, Marine Le Pen, bat des records dans les sondages et joue la dédiabolisation.*

Le père était un loup cruel
Qui haïssait les étrangers.
Il rêvait d'un destin national
Mais aimait tellement le scandale
Qu'il se fit lui-même moult croche-pieds
Qui l'empêchèrent, toujours, d'avancer.
Le loup était entouré d'une faune bizarre,
Crânes rasés, nostalgiques d'une époque dépassée,
Extrémistes excités, royalistes déboussolés,
Bref, toute une flopée de paumés
Qui écoutait les éructations de la hyène avec dévotion.

Le loup eut trois filles, plutôt jolies,
C'est la cadette qui hérita du parti.
Petite, elle avait souffert d'être la fille de la hyène,
Elle hérita du paternel une certaine bonhomie,
Un aplomb, du culot, une infatigable énergie.
Elle se jura que ce que le vieux loup avait raté,
Elle l'accomplirait.
Pour mener à bien son dessein
La jeune louve entreprit de désinfecter le parti,
Expulsa les crânes rasés, écarta les néonazis.

«Faites que les médias ne vous voient aucunement»,
Ordonna-t-elle aux sulfureux sympathisants.
Mais là où la blonde louve eut un trait de génie,
C'est qu'elle revêtit un pelage de brebis.
«Je ne suis pas raciste, jurait-elle, patriote je suis.»

La louve déguisée en brebis
Dupa des milliers de moutons,
Qui se mirent à bêler avec elle à l'unisson.
Les médias fascinés s'interrogeaient :
Était-elle vraiment brebis, comme elle le prétendait?
Les journalistes se battirent pour lui tirer le portrait,
Lui tendre un micro, l'inviter sur un plateau.
La louve déguisée en brebis acceptait tout sans rechigner.
Elle savait qui elle était et, au fond d'elle, elle jubilait :
Les médias étaient à ses pieds, son père était vengé.

Le succès de la louve déguisée en brebis
Dans les partis voisins affola les esprits.
«Il faut copier ses idées», préconisèrent les uns;
«Quelle erreur! Il faut s'en démarquer», s'indignèrent certains;
Les moins scrupuleux ou les plus naïfs s'interrogeaient :
«Puisque c'est une brebis, pourquoi, avec elle, ne pas s'associer?»
«Vous êtes fous, elle va tous vous dévorer;
C'est une louve, il ne faut pas l'oublier.»

Pendant qu'on discutait sans discontinuer
Pour savoir quelle stratégie adopter,
La louve racolait à tout-va,
Militants UMP, juifs, syndicats...

Elle faisait feu de tout bois.
En susurrant d'une douce voix :
« Vous, les brebis égarées,
N'ayez pas peur, rejoignez-moi. »

Le vieux loup observait sa fille
Avec une admiration non dénuée de fierté.
« C'est moi qui lui ai tout appris,
C'est moi seul qui l'ai formée », aimait-il à répéter.
Sa fille louve l'avait pourtant sommé d'être discret
Et fait promettre de ne plus déraper.
Elle, de son côté, sans cesse se surveillait.
De temps en temps, pourtant, ses yeux lançaient des éclairs
Et elle ressemblait soudain à son père.

Une louve ne saurait se muer durablement en brebis,
Tôt ou tard, le pelage blanc sur le sol glissera,
Les belles manières, le charme, la douceur, tout disparaîtra,
Et, dans sa violence, la vraie nature de prédateur apparaîtra.

*(13 mars 2011)*

# Montebourg la grenouille et le bœuf

*François Hollande et Martine Aubry se retrouvent le 16 octobre 2011 pour le second tour de la primaire. Pendant quelques jours, Arnaud Montebourg, le triomphant troisième du premier tour, a fait durer le suspense : allait-il soutenir François ou Martine ?*

Montebourg la grenouille aux primaires se présenta
Et séduisit pendant les débats.
Chantre anticorruption,
La grenouille pourfendait la mondialisation,
Les pots-de-vin, les banques, tout ce qui ne tournait pas rond.
Dans cette époque tiède et désabusée, on prit goût à ses indignations.
Qu'importe si ses idées n'étaient pas réalisables,
Montebourg avait un physique agréable.

Le soir du premier tour, quand furent connus les résultats,
Montebourg exulta, 17 % des voix, le succès était là !
Rue de Solferino, Montebourg se pavana.
Il dépassait Baylet, Valls et même Ségolène,
Et devint le grand chouchou des médias.

Cette semaine-là, le troisième homme se sentit un peu le roi.
Le prochain président en 2017? C'était lui, il s'y voyait déjà.
En attendant ministre et pourquoi pas premier? Il méritait bien ça.
Il en parla à François, qui répondit, comme souvent: «Pourquoi pas?»

On l'interrogea: quel était son choix? Martine ou François?,
Montebourg tergiversa, refusa de répondre, hésita,
Ses quatre cent cinquante mille électeurs ne lui appartenaient pas.
On lui téléphona, on le cajola, on le supplia.
Montebourg se laissa flatter, photographier, interviewer,
Sa gloire toute neuve le faisait enfler
De suffisance et d'amour de soi mélangés.

Vendredi, enfin, la nouvelle star de gauche se prononça:
À titre personnel, il préférait Hollande comme candidat,
Parce qu'il lui semblait «le mieux à même de rassembler».
Ses électeurs d'hier se sentirent abusés,
Tous ces beaux discours pour en arriver là!
Le pourfendeur du système préparait son avenir,
La soupe était bonne, il fallait bien le dire.

Lui qui était grenouille pas plus grosse qu'un œuf,
Depuis longtemps, rêvait de devenir un bœuf,
Disant: «Regardez bien, n'y suis-je point encore?
— Nenni. — M'y voici donc, regardez les sondages!

Je suis devenu un important personnage.»
À force de se prendre pour un autre que soi,
Le bel Arnaud enfla si bien qu'il éclata.

*(16 octobre 2011)*

# Ségolène et le pot au lait

*Ségolène Royal fait un rêve: aller à la primaire socialiste puis à l'élection de 2012 en ticket avec le président du FMI, Dominique Strauss-Kahn.*

Ségolène, dans sa tête ayant un beau projet
Qu'elle croyait bien ficelé,
Prétendait arriver sans encombre aux primaires.
Belle et très têtue, elle avait grillé les autres candidats,
Ayant convoqué ce jour-là, pour être plus habile,
Journalistes et caméras.
Ségolène composait déjà son gouvernement,
Choisissait son Premier ministre,
La chose allait à bien par son soin diligent.

«Il m'est, pensait-elle, facile,
De gagner les primaires,
Martine ne sera pas assez habile
Pour contrer ma popularité,
Hollande ne fait pas rêver,
Je peux en témoigner.
Valls est surtout connu dans son quartier,
Malgré ses efforts désespérés,
Pour gagner un peu de notoriété.
DSK, quant à lui, ne quittera pas le FMI,
Il n'en a pas envie,
Vu son grand confort de vie.

Quand je serai élue présidente,
Je nommerai DSK à la tête du gouvernement.
Je déciderai, il obéira.
Je paraderai, il travaillera.
Je ne lui ai pas encore parlé
Du poste que je lui proposais.
Mais maintenant que je l'ai annoncé
Il sera bien obligé d'accepter.
Dans dix-huit mois, qui pourra m'empêcher
D'accéder enfin à l'Élysée?
Ensuite viendra le tour de l'Assemblée
Et les députés UMP,
Aux législatives, ils vont tous sauter!»

Ségolène, là-dessus, saute aussi, transportée.
La voilà soudain déséquilibrée,
Son beau projet soudain ébranlé.
Le projet de dame Ségo prend l'eau.
Adieu investiture, médias, Élysée.
Ségolène, quittant d'un œil contrit
Son avenir présidentiel ainsi compromis,
Va s'excuser à ses amis
De la rue de Solferino
Pour son incroyable culot.
Le récit en farce en fut fait;
On l'appela: «Ségolène décidément ne s'arrête jamais.»

Quel esprit ne bat la campagne?
Qui ne fait châteaux en Espagne?
Ségolène rêve en veillant, il n'est rien de plus doux.
Une flatteuse erreur emporte alors son âme:
Les meilleurs sondages du monde sont à elle,
Tous les honneurs, les millions d'électeurs.

Quelque accident fait-il qu'elle rentre en elle-même?
Elle retourne en Poitou-Charentes, comme avant.

*(5 décembre 2010)*

# 3

# JOURNAL DE BORD DE NICOLAS SARKOZY

# Lettre de Nicolas Sarkozy au Père Noël

Cher collègue,

Aide-moi à trouver un nom pour mon nouveau parti. J'hésite entre CMM (c'est moi le meilleur) ou AJR (attention je reviens).

Je te tutoie, Père Noël, parce qu'entre grands de ce monde on se comprend.

À la cérémonie pour Mandela, quand je disais bonjour à tous mes amis chefs d'État, l'autre était vert. Je me prépare à jouer dans une nouvelle superproduction 100 % *made in France*: « Sarko II, le retour. »

Comme cadeau, je te demande juste une mitraillette équipée d'un silencieux pour éliminer tous ceux qui pourraient se trouver sur mon chemin (François F..., Jean-François C..., Alain J...). Je pense que je n'en aurai pas besoin, ces Playmobil sont déjà en train de trembler en attendant de connaître le sort que je leur réserve.

Si tu veux absolument me faire plaisir, Père Noël, j'aimerais des généreux donateurs pour mon nouveau parti. Promis, je ne ferai plus appel à des financements occultes, vu qu'on se fait prendre presque à chaque fois.

Qu'on se le dise ! Copé, Fillon, Hollande, Le Pen, Merkel, et toi aussi Père Noël, tous aux abris ! *I'm back !*

*(15 décembre 2013)*

# Nicolas Corneille et Jérôme Hugo

*Le 21 mars, Nicolas Sarkozy est mis en examen par le juge Gentil pour « abus de faiblesse » dans l'affaire Bettencourt. Le 19 mars, le ministre du Budget, Jérôme Cahuzac, accusé de posséder un compte en Suisse, doit quitter le gouvernement.*

**TRAGÉDIE SARKOZIENNE** (d'après *Le Cid*)

Ô rage, ô désespoir, ô juge Gentil ennemi,
N'ai-je donc tant vécu que pour cette infamie?
Et ne me suis-je, à la politique, tant consacré
Que pour voir, en un jour, flétrir tant de lauriers?

Ô cruel souvenir de mon pouvoir passé!
Œuvre de tant d'années en un jour effacée,
Terrible indignité, fatal déshonneur.
Mis en examen, moi? Mais quelle stupeur!

Quoi! J'aurais profité des largesses de Liliane?
J'aurais abusé de la faiblesse d'une vieille dame?
Moi, Nicolas, immense homme d'État,
Alors que la France, sans moi, se noie,
Alors que Mollande, chaque jour, un peu plus déçoit.

On voudrait ainsi pour toujours m'écarter!
Quel terrible gâchis! Injustice inouïe!

J'aurais manipulé une vieille dame,
Pour lui siphonner son épargne?

Sachez, ô vils contempteurs,
Que je ne voyais pas Liliane seul, son mari était là,
Je ne demandais pas, c'est lui qui insistait,
«On l'a toujours fait, je vous en prie, prenez,
Jacques, Georges, François, on les a tous aidés.»

À vous, humblement je le confesse,
Les seules dames dont j'ai pu abuser de la faiblesse
Étaient de jolies femmes pour des histoires de fesses.

*(24 mars 2013)*

# Quel ennui !

*Le 25 octobre, Jean-François Copé et François Fillon débattent sur France 2, trois semaines avant l'élection par les militants du président de l'UMP.*

Tapi dans l'ombre, je regarde les autres prendre les coups. Parfois cela m'amuse, souvent cela m'attriste. J'ai déjeuné avec Fillon, quel ennui ! Il a encore plus de cernes que lorsqu'il était Premier ministre. Lui et Copé ont beau prétendre le contraire, ils n'ont qu'une peur, que je revienne. Je me suis endormi devant leur débat. François par-ci, Jean-François par-là. Débattre sans se parler, s'affronter sans s'attaquer, s'effleurer sans se toucher…

Ils n'ont rien compris ! La politique, c'est de la boxe ; avec moi, au moins, ça cognait. Copé était offensif et démago, Fillon calme et laborieux, mais aucun des deux ne m'arrive à la cheville. Quel âne, ce Fillon, quand même ! Quel besoin a-t-il eu d'aller raconter que j'avais demandé à PSA de repousser l'annonce du plan social après la présidentielle ? C'est vrai, évidemment, mais les gens n'ont pas besoin de connaître ces petits détails.

Vous avez vu comme ma femme est magnifique en couverture de *Elle* ? Elle raconte que mon retour en politique est « improbable ». Mais vous savez ce qu'on dit ? Improbable n'est pas français, enfin, un truc comme ça… Les gens me regrettent tellement, je le constate chaque jour dans la rue, que ce soit à Auteuil ou à Neuilly. Hier, dans le XVIe, une femme m'a crié : « Nico, reviens, sans toi les riches sont orphelins. » Vous savez comment ma coiffeuse appelle le président ? « Fanfan la teinture. » Ne comptez pas sur moi pour le répéter, en politique seuls le silence et l'obscurité peuvent apporter de la majesté.

*(28 octobre 2012)*

# Au Stade de France

*Avant leur débat de l'entre-deux tours, les deux finalistes à l'élection présidentielle se retrouvent pour la finale de la Coupe de France entre les professionnels de Lyon et les amateurs de Quevilly, dans la banlieue de Rouen, là où François Hollande, amateur de foot, a passé son enfance.*

Qu'est-ce qu'il avait besoin de venir me narguer Hollande, au match de foot ! Il n'est pas encore président, que je sache. Samedi, j'étais cerné par les socialistes, Collomb, Fabius... Je n'en peux plus de leurs regards narquois de vainqueurs insolents. Je ne supporte pas non plus la pitié doucereuse dans le regard de mes collaborateurs, comme si j'étais un malade en phase terminale et que j'étais le seul à ne pas être au courant.

Ils s'imaginent peut-être que je ne les vois pas retourner leur veste les uns après les autres ? Les conseillers, les journalistes, les députés... Ce Paris politico-médiatique tellement expert dans l'art de souffler dans le sens du vent pour préserver ses petits avantages. Ils se trouvent tous de soudaines affinités avec la gauche et se mettent à vanter les bienfaits de l'alternance.

C'est bien le seul sport où les Français aient toujours été champions du monde, le retournement de veste.

Finalement, je suis comme l'US Quevilly, le Petit Poucet de la Coupe de France, le challenger. Plus personne ne croit à ma victoire, même moi parfois je doute. Mon seul espoir est d'arriver à ratatiner Hollande pendant le débat. Il a prévenu qu'il ne souhaitait pas « tomber dans le pugilat », mais moi je pratique le catch, la boxe et le karaté comme personne. Un coup à droite, un coup à gauche, un crochet, et hop, il sera sur le tapis, sonné, groggy, haletant.

Mon rêve, ç'aurait été d'être champion cycliste. En ce moment, la tête dans le guidon, je pédale, je mouille le maillot en tenant une échappée périlleuse sur l'extrême droite. Dans le peloton, certains députés UMP ont des états d'âme à me suivre sur ce terrain. Je l'ai expliqué à Fillon : « Il ne s'agit pas d'avoir des états d'âme mais de gagner une élection. La fin justifie les moyens. » Il n'y a que les moyens pour ne pas comprendre ça !

Même si je ne suis plus maillot jaune, je suis encore dans la course. Tout se jouera le 6 mai lors du sprint final, en attendant je pédale envers et contre tous.

*(29 avril 2012)*

# La prière de Nicolas

*Une semaine avant le premier tour de la présidentielle, il est temps pour les deux principaux candidats de s'adresser à leurs électeurs: ceux qui leur sont acquis, ceux qu'ils espèrent.*

Mes électeurs, qui êtes précieux, tout le monde croit
Que c'est fichu pour moi, mais je garde la foi.
Ne vous fiez pas aux sondages quotidiens;
À l'UMP, ils croient déjà tous que c'est la fin.
Les députés ont peur d'une raclée en juin.
Mes ministres cherchent à se recaser
Dans le public, dans le privé,
Qu'importe, pourvu que ça soit bien payé.

Mes électeurs de 2007, où êtes-vous passés?
Pardonnez-moi mes offenses et mes excès,
Comme je pardonne à tous ceux qui m'ont offensé.
Je le reconnais bien volontiers, j'ai péché,
Mes fautes, je les ai expiées,
Tant les médias m'ont raillé,
Critiqué, vilipendé, crucifié.
Mes électeurs, soyez miséricordieux et je vous montrerai que j'ai vraiment changé.
Je serai humble, calme, compétent, serein, posé.
Puis je me vengerai de tous mes ennemis

On dit que j'ai déjà perdu, à moins d'un miracle…
Faites taire ces méchants oracles,
Tous ces sondeurs et ces commentateurs.

Je me prosterne devant vous, chers électeurs,
Vous seuls, pouvez me faire ressusciter.
Je brûle aussi deux cierges et je récite trois Ave
Pour plus de sécurité.

PS : Faites que Mélenchon soit très haut pour embêter qui vous savez.

*(15 avril 2012)*

# Mea culpa présidentiel

*Invité de la nouvelle grand-messe politique « Des paroles et des actes », Nicolas Sarkozy, candidat à un second mandat, réussit une prestation de haute tenue. Ses partisans se prennent à rêver.*

« C'est ma faute, c'est ma très grande faute. »

Vous avez vu comme j'ai été bon chez Pujadas? Humble, tellement humble, on aurait dit saint François d'Assise. J'ai dit que je regrettais le « casse-toi, pauv' con ».

En fait, ce que je regrette surtout, c'est qu'il y ait eu une caméra pour filmer la scène.

J'ai expliqué que si j'avais été dîner au Fouquet's, c'était pour sauver mon couple. Si tous les Français qui ont des problèmes de couple votent pour moi, ça va me faire un paquet d'électeurs en plus. Divorcés de France, rejoignez-moi! Je suis le candidat du peuple des malheureux en couple. Bien sûr, tout le monde ne peut pas partir en croisière Bolloré pour résoudre des problèmes conjugaux, il y en a qui font juste une promenade en bateau-mouche sur la Seine.

Cette semaine, on n'a parlé que de moi. J'ai repris l'initiative, comme on dit; j'espère qu'il va y avoir enfin un frémissement dans les sondages. J'ai de plus en plus de doutes sur le choix de Nathalie

Kosciusko-Morizet comme porte-parole : elle est très belle, très classe et très intelligente, tout le contraire de Nadine Morano. Le souci c'est que NKM est tellement intelligente que les médias la trouvent arrogante. Je n'arrête pas de lui répéter : « Nathalie, il faut flatter ces connards de journalistes, on a besoin d'eux. »

Nathalie a appris par cœur le prix de la baguette, de l'expresso, du litre de lait et du passe Navigo trois zones, mais plus personne ne lui pose la question. Des journalistes ont fait courir le bruit qu'elle portait des bottes Hermès à 3 000 euros. Elle m'a assuré que ses bottes ne valaient que 1 700 euros, mais ça fait quand même beaucoup de tickets de métro.

Carla m'accompagne partout, ce n'est plus seulement la première dame de France, c'est aussi ma première fan. Elle sera à Villepinte : passer l'après-midi dans les courants d'air, assise sur une chaise en plastique entre Copé et Fillon, si ce n'est pas de l'amour... Je lui ai dit de se méfier des journalistes : « Carlita, tout ce que tu diras sera interprété contre moi. » Les gens se sont moqués de son « nous sommes des gens modestes », mais elle voulait parler de modestie morale, évidemment.

J'ai annoncé que si j'étais battu, je ne ferai plus de politique, comme De Gaulle et Jospin. Les gens doivent comprendre que je suis capable de grandeur, depuis le temps qu'on me reproche de manquer de hauteur. De toute façon, brillant et énergique comme je suis, je pourrai gagner une fortune en dirigeant une entreprise du Cac 40. Bayrou ou Hollande ont dit qu'ils continueraient la politique en cas de défaite, forcément ils ne savent rien faire d'autre, alors que moi, je suis un négociateur hors pair et un formidable dirigeant.

Mon rival passe son temps à flatter les journalistes en faisant des traits d'esprit. Seulement, on n'élit pas « le meilleur copain », on élit « le plus capable », et le plus capable, c'est moi : pour gagner, je suis vraiment capable de tout.

*(11 mars 2012)*

# Petite conversation privée

*Nicolas Sarkozy, président, pas encore candidat, cherche une idée pour occuper le terrain. Publier un livre ?*

— Carla, tu ne trouves pas que c'est une idée géniale que je fasse mon mea culpa dans un livre?

— Oui, chouchou.

— Pour le titre, j'ai pensé à *Humilité, Simplicité, Fraternité*. Attends, je te lis le début : « Pourquoi ce livre ? Tout simplement pour vous dire que je ne suis pas parfait, certains d'entre vous s'en sont déjà aperçus. C'est vrai que je suis parfois colérique, mais je suis plein d'énergie. Pendant ces cinq ans, j'ai fait du mieux que j'ai pu. Les difficultés personnelles que j'ai traversées, les difficultés professionnelles que j'ai affrontées ont fait de moi un autre homme. J'ai changé. J'ai mûri. Aujourd'hui, je suis plus calme, plus pondéré et plus profond. Si vous me réélisez, vous n'aurez pas du tout le même président, puisque je suis devenu un autre. Ça sera le changement dans la continuité. Et puis c'est moi le meilleur. »

— « C'est moi le meilleur », ça n'est pas très humble.

— Oui, tu as raison, je suis le meilleur, mais je n'ai pas le droit de le dire.

— Ça fait six lignes, chouchou ; un livre, ça doit faire deux cents pages.

— Tu crois peut-être que j'ai que ça à faire, d'écrire ! Tu as vu ce que je me suis cogné cette semaine ? La dégradation du AAA, Courroye en examen, le sommet social, le voyage en Guyane, Bayrou qui monte dans les sondages...

— T'énerve pas, chouchou. N'oublie pas que, maintenant, tu es calme et pondéré.

— Je suis calme à une condition : qu'on ne me contrarie pas !

*(15 janvier 2012)*

# Moi, Nicolas, sauveur incompris

*À l'automne 2011, les dirigeants européens cherchent des solutions pour sauver l'euro. Deux mois après avoir été renversé, Mouammar Kadhafi trouve la mort dans des circonstances confuses. François Hollande effectue ses premiers pas de candidat socialiste à la présidentielle.*

Les Français ne se rendent pas compte de la chance qu'ils ont de m'avoir. Vous en connaissez beaucoup, des gens capables d'aller négocier avec la Merkel pendant que leur femme est en train d'accoucher? Je suis unique, on s'en apercevra quand je serai parti.

Ça tombait bien cette réunion avec Angela, ça ne me disait rien d'assister à la naissance. Les femmes en font toujours trois tonnes: elles crient, elles transpirent, elles vous insultent, elles pleurent, elles vous griffent la main. Sauf ma femme, Carla sait rester glamour en toutes circonstances.

Là où elle perd un peu son calme, ma Carlita, c'est avec tous ces photographes qui campent devant la clinique. C'était son ancien métier de se faire prendre en photo mais, en ce moment, dès qu'elle aperçoit un téléobjectif, elle devient hystérique. On a pourtant dit et répété qu'on ne voulait pas médiatiser cette naissance, mais voilà… «Suis la presse, elle te fuit. Fuis la presse, elle te suit.»

Autant j'arrive parfois à faire changer d'avis Angela, autant pour le prénom je n'ai pas du tout réussi à négocier avec Carla. Giulia, c'est joli quand tu fais partie de la jet-set, que tu fais du bateau à Saint-Tropez et du ski à Megève. Mais, pour être réélu, Jeanne ou Marianne, il me semble que ça aurait été plus approprié.

Vous avez vu ? Grâce à moi, la Libye a été libérée d'un tyran sanguinaire. Ça a pris sept mois, ça a coûté 300 millions d'euros, mais la liberté d'un peuple, ça n'a pas de prix. J'espère quand même qu'on va récolter quelques contrats pour la reconstruction. BHL m'a un peu agacé à se pavaner dans les médias. Moi, j'ai eu une très belle réaction : j'ai dit que l'heure était au pardon et à la réconciliation, mais personne n'a repris cette déclaration. Dire qu'il y en a qui prétendent que je contrôle les médias !

De toute façon, en ce moment, il n'y en a que pour les socialistes. Hollande a dit qu'il voulait *« réenchanter le rêve français »*. Je lui souhaite bien du courage à Merlin l'Enchanteur. Avec Guaino, entre nous, on l'appelle « le faux mage de Hollande ».

Ce qui m'a amusée à son investiture, ce sont les T-shirts *« H for Hope »*. Ce que le prochain président aura à gérer, c'est surtout *« D for Debt »*. On dirait que Hollande ne se rend pas bien compte qu'il va avoir le choix entre réduire les dépenses ou augmenter les impôts.

Le vrai problème avec Guimauve le Conquérant, c'est que, pour l'instant, on n'a trouvé aucune affaire à lui mettre sur le dos. Rien. Pas le moindre scandale sexuel à l'hôtel de la gare à Tulle… Pas de valises de billets… Rien. Il ne s'est jamais fait offrir de prostituées par des entrepreneurs en BTP. Cet homme est désespérément lisse.

Je vais bientôt parler à la télé pour expliquer aux Français tout le mal que je me donne pour sauver l'euro. Avec Angela, on a réussi à se mettre d'accord… pour organiser très vite un nouveau sommet.

*(23 octobre 2011)*

## Prime et déprime

*Au printemps 2011, Nicolas Sarkozy institue une prime obligatoire de 1 000 euros pour les salariés. De quoi agacer les chefs d'entreprise, sûrement. De là à remonter dans les sondages...*

Elle est pas géniale mon idée de prime ? Mélenchon et Besancenot n'auraient pas osé, Sarko l'a fait. Ça y est, je parle de moi à la troisième personne comme De Gaulle.

Ils me fatiguent avec leur trentième anniversaire de l'élection de Mitterrand : Mitterrand ceci, Mitterrand cela... Pour être apprécié à sa juste valeur dans ce pays, il faut être mort. Mitterrand a été détesté. De Gaulle a été détesté. Je suis détesté.

Être un président critiqué, finalement, c'est l'apanage des plus grands ; la preuve, Chirac tout le monde l'aime bien. Quand j'y pense, 28 % d'opinions favorables, c'est encore trop.

Quelle idée brillante, cette prime ! Grâce à moi, UMP ne veut plus dire Union pour une majorité de perdants mais Union pour de magnifiques primes. Les syndicats trouvent que 1 000 euros, c'est insuffisant, pourtant, avec 1 000 euros à Paris, on peut louer un deux pièces... à condition de gagner quatre fois le loyer.

Au Medef, ils étaient furieux de ne pas avoir été prévenus. Vu que j'ai eu l'idée de cette prime le matin du jour où j'en ai parlé, je ne vois pas quand j'aurais eu le temps de leur en parler. Je ne suis pas irréfléchi et impulsif comme le racontent mes ennemis, je suis juste intuitif.

Ça m'est égal de déplaire au Medef et aux élites, je veux être le président du peuple. Le petit père du peuple, ah non ça c'est Staline. De plus en plus de patrons du Cac 40 racontent dans les dîners en ville qu'ils préféreraient que ça soit Strauss-Kahn plutôt que moi. Tant mieux ! Plus les élites sont contre moi, plus le peuple va me suivre. Et aux dernières nouvelles, c'est le peuple qui vote.

Christine Lagarde a dit en parlant des patrons : « On ne force pas à boire un âne qui n'a pas soif. » Elle n'a pas tort, ce sont tous des ânes. Je les laisse braire et je leur donne un peu de foin de temps en temps pour les calmer.

Depuis quatre ans, quoi que je fasse, tout le monde est contre moi, mais qu'on ne compte pas sur moi pour déprimer. Il l'a bien expliqué, Franz-Olivier Giesbert, dans son livre : les difficultés me galvanisent. J'espère que Giesbert aussi, parce que je lui ai supprimé son émission. Enfin, j'ai juste signalé que ça me ferait plaisir qu'il ne soit plus là à la rentrée. Heureusement, il existe encore des gens dociles dans les médias.

Je ne suis pas très content de ce qui se passe en Libye. BHL m'avait parlé d'une guerre éclair et ça sent le conflit à rallonges. Du coup, on essaie de « former » les rebelles. Je ne sais pas si vous les avez vus dans les reportages au 20 heures de TF1, ils roulent tous en 4×4 et ils font le V de la victoire en tirant en l'air. Pas étonnant qu'ils n'aient pas beaucoup de résultats.

Si ça continue, je vais partir à Benghazi arrêter Kadhafi moi-même. Un pays en guerre, ça n'est pas plus dangereux pour moi que d'aller voir des ouvriers mécontents en province, comme je l'ai fait cette semaine.

Woody Allen a dit qu'il me verrait bien dans un rôle à la Humphrey Bogart. Ça dépend lequel. Je n'aime pas trop le titre de son dernier film : *Plus dure sera la chute*.

*(24 avril 2011)*

# Poor lonesome Sarko

*Libye, Fukushima, débat sur la laïcité..., le président est obligé de tout faire. Même de s'improviser juge de paix dans les Hauts-de-Seine, entre Patrick Devedjian et le couple Balkany.*

## Lundi

Avant, on me haïssait, on me jalousait, mais je fascinais. Là, on dirait que j'ennuie tout le monde. Même Martine Aubry qui est sarkobsessionnelle, ne parle plus de moi. Pourtant, je mériterais le Nobel de la paix, franchement je suis un vrai Casque bleu.

Des gens sont fâchés? Hop, je les convoque à l'Élysée et je les réconcilie. J'ai fait ça avec Devedjian et mon fiston. Devedjian, qui ne se sent plus depuis qu'il a éliminé les Thénardier du 92, répète partout: «Je suis un survivant.» Je lui ai fait promettre d'arrêter de se répandre en horreurs sur «le fistonné de la Défense».

Ensuite, j'ai réconcilié Copé et Fillon. Enfin, réconcilier... J'ai essayé d'éteindre l'incendie, mais c'était plus dur que de refroidir les réacteurs en fusion de Fukushima.

Il n'y a que les Français que je n'arrive pas à réconcilier avec moi, je devrais peut-être les convoquer à l'Élysée.

## Mardi

L'Otan m'a confisqué ma guerre en Libye. Ça s'annonce plus long que prévu cette histoire. BHL m'avait pourtant promis que je deviendrai un héros libérateur, que je ne pouvais pas laisser le peuple libyen se faire massacrer. Moi, chaque jour, je me fais massacrer par les médias français et personne ne vient à mon secours.

## Mercredi

Dix ministres refusent de se rendre à mon débat sur la laïcité. Dix ! Bertrand serait soi-disant en déplacement. Même Bachelot s'est défilée, l'ingrate. Voilà comment elle me remercie de l'avoir gardée après le fiasco des vaccins. Valérie Pécresse a proposé qu'on crée un « diplôme de laïcité », c'est gentil de faire du zèle, Valérie, mais ça va déboucher sur quoi comme boulot, un diplôme de laïcité ?

## Jeudi

Carla a annoncé qu'elle repoussait la sortie de son album. Il paraît qu'elle est très bien dans le film de Woody Allen où on la voit au moins trois minutes.

Moi, j'ai passé trois heures au Japon mais au JT, il n'y en avait que pour Hollande le maigrichon et son appel de Corrèze. Maintenant, pour peser lourd en politique, il faut mincir. Tous ces kilos perdus ne vont pas donner à Hollande l'épaisseur qui lui manque. J'imagine les tonnes de fromage blanc qu'il a dû ingurgiter pour en arriver là. Enfin, au moins, il est motivé pour le boulot, contrairement à l'amateur de steaks aux hormones de Washington.

## Vendredi

J'ai appelé Carla pour lui dire que je démissionnais. Elle m'a tout de suite demandé : « Alors je pourrai avancer la sortie de mon album? — Poisson d'avril », j'ai dit. Elle a raccroché.

*Le Nouvel Obs* a fait sa couv sur moi : « A-t-il déjà perdu ? *Game over.* » Je leur signale qu'il me reste un an et qu'il peut s'en passer des choses en un an. Regardez tout ce que j'ai eu à gérer depuis trois mois : la Tunisie, l'Égypte, la Libye, le Japon, la Côte d'Ivoire... Et après on s'étonne que j'aie les traits tirés.

## Samedi

C'est Guaino qui le dit dans *L'Express*, « l'antisarkozysme rend fou ». N'empêche, je suis quand même le seul président à qui on consacre un film de cinéma de son vivant. *La Conquête*, ils ont appelé ça.

Et ce que je suis en train de vivre en ce moment, ça n'intéresse personne?

Pourtant, j'ai déjà trouvé un titre : *Fin de règne.*

*(3 avril 2011)*

# Borloo *or not* Borloo ?

*Automne 2010, Nicolas Sarkozy hésite à remplacer François Fillon à la tête du gouvernement.*

Je n'arrive pas à me décider pour le Premier ministre.

Borloo est sympa, je rigole bien avec lui. En plus, il a vraiment fait beaucoup d'efforts : ses chemises sont repassées, il a enfin des cravates qui ne dépassent plus de ses costumes, il se fait un brushing tous les matins. On croirait qu'il va à un mariage – enfin, qu'il a souvent été à des mariages, parce qu'il a quand même une tête de vieux noceur.

Je devrais peut-être organiser un « Grenelle du Premier ministre » pour me décider. C'est son grand truc, à Borloo, les Grenelle. Il pense que mettre des gens qui sont pas d'accord autour d'une table dans un esprit de bonne volonté, ça suffit à résoudre tous les problèmes de la Terre.

L'avantage de Borloo, c'est qu'on ne sait pas si c'est un homme de gauche très adroit pour être au centre, ou un homme de droite un peu gauche.

J'aime bien le petit Baroin. Il est ambitieux, il a le visage tout lisse, on dirait un jeune marié, mais je le trouve trop onctueux.

J'ai amené Borloo et Baroin à Troyes pour les comparer, et j'hésite encore : à côté de Baroin, je fais vieux ; à côté de Borloo, j'ai l'air vraiment jeune. Baroin était un disciple de Chirac, et ça m'a toujours énervé. Je crois que si je le prends comme Premier ministre, ça va énerver Chirac, et ça, ça m'amuse. Copé ferait un bon Premier ministre, mais il ne veut pas, il n'est pas fou. Copé me ressemble en plus jeune, je vais le mettre à l'UMP, ça va l'occuper.

Fillon n'en finit pas de tirer la tronche. Ce n'est quand même pas le premier Français à perdre son boulot, ils sont quatre millions dans son cas. Je le sens rancunier, Fillon. J'espère qu'il ne va pas m'attaquer aux prud'hommes pour licenciement abusif, comme Domenech a fait avec la FFF. Moi, je pense que ça serait aux Français de demander des dommages et intérêts à Domenech pour la honte qu'il nous a mise, mais je me tais sinon on va encore dire que je me mêle de ce qui ne me regarde pas. Je ne peux plus le supporter, Fillon, il n'est pas toujours d'accord avec moi et, en plus, il a des meilleurs sondages. Remarquez, c'est pas difficile.

Vous avez vu, j'ai obtenu vingt milliards de dollars de contrats avec la Chine. Faut dire, je mets le paquet, je dis oui à tout ce qu'il me dit, le président chinois. Il paraît que c'est l'homme le plus puissant du monde, mais c'est pas le plus marrant. Il rit quand il se brûle.

Je me demande si je ne devrais pas prendre une femme comme Premier ministre pour surprendre tout le monde. J'aime bien Christine Lagarde. Elle est toujours de bonne humeur, Christine, même quand on lui efface ses bijoux avec Photoshop, elle a toujours l'air d'une grande bourgeoise.

*Le Canard enchaîné* m'a accusé d'avoir mis des journalistes sur écoute. N'importe quoi ! Déjà, quand je lis ce que ces abrutis écrivent sur moi, ça m'énerve, je ne vais pas en plus aller espionner leurs conversations pendant mon temps libre.

J'arrive vraiment pas à me décider pour le Premier ministre. Tiens, je vais écouter les conversations des journalistes pour voir ce qu'ils en pensent et je ferai le contraire. De toute façon, quand on change de Premier ministre, en France, personne ne s'en aperçoit.

*(7 novembre 2010)*

# Pourquoi tant de haine ?

*Circulaire ministérielle anti-Roms; journalistes sur supposées écoutes... Nicolas Sarkozy ne supporte plus ces polémiques.*

Franchement, vous voulez que je vous dise ? Les Français, ils se rendent pas compte de la chance qu'ils ont de m'avoir comme président. S'ils croient que c'est facile comme métier !

Soi-disant je contrôlerais la presse, mais vous avez vu toutes ces couvertures de journaux qui me sont hostiles ? *« Sarkozy, menacé d'expulsion »*; *« Cet homme est-il dangereux ? »*... J'ai regardé l'émission de Frédéric Taddeï, il y avait un anthropologue et des écrivains qui parlaient de moi. Il paraîtrait que cet acharnement médiatique, ça viendrait de mon attitude. C'est moi qui attirerais ça, parce que j'aurais désacralisé la fonction présidentielle. N'importe quoi ! Permettez-moi de vous dire une chose, c'est parce que moi j'agis vraiment que ça énerve les gens.

Dimanche dernier, pour se détendre, avec Carla, on a visité les grottes de Lascaux. Frédéric Mitterrand a prétendu que ça me changerait les idées, mais descendre sous terre quand on touche le fond, ça aide pas vraiment à sortir la tête du trou. On m'a critiqué parce que j'ai confondu Néandertal et Cro-Magnon : dix-huit mille ans d'écart. C'est pas de ma faute, il faisait trop sombre dans la grotte, j'arrivais pas à lire les fiches que Guaino m'avait préparées.

Villepin, qui n'en loupe pas une, a parlé de « chienlit » à la tête de l'État et Fabius de « pétaudière ». Mes ennemis emploient toujours des grands mots pour faire oublier leurs petites idées.

Jeudi, au déjeuner, on s'est accroché avec Barroso sur les Roms. À la conférence de presse, j'ai démenti l'engueulade : « Ce n'est ni le genre de M. Barroso ni de moi » (il paraît que j'aurais dû dire « ni le mien », mais je ne suis pas prof de français, je suis président). Quand j'ai déclaré : « S'il y a quelqu'un qui a gardé son calme, c'est moi », je ne mentais pas, le Portugais était encore plus énervé que moi.

J'ai aussi insisté sur le fait qu'Angela Merkel me soutenait et que ça me touchait beaucoup. Le soir même, un porte-parole d'Angela a démenti son soutien. Si on peut même pas compter sur une vieille copine pour vous soutenir dans les moments difficiles !

Plutôt que de démentir son démenti, j'ai gardé le silence.

C'est peut-être ce que je devrais faire pour redevenir populaire : faire comme Chirac et Strauss-Kahn, ne rien dire, ne rien faire.

*(19 septembre 2010)*

# 4

# TURBULENCES ÉCONOMIQUES

## Prière au Pôle emploi

✝

*Je vous salue conseillère du Pôle emploi,*

*Pleine de paperasse,*

*Que le labeur soit avec toi.*

*Tu m'as été attribuée entre tous les conseillers*

*Et mon indemnité,*

*le fruit de ton calcul, est bénie.*

*Aidez-nous à signer enfin un CDI.*

*Soutenez-nous, pauvres chômeurs,*

*Maintenant et à l'heure de la radiation,*

*Amen.*

# Des euros par millions, des chômeurs par milliers

*Le président de la République avait promis une inversion de la courbe du chômage avant la fin 2013 ; les résultats sont décevants. Le président de PSA, Philippe Warin, doit quitter l'entreprise avec un gros chèque avant d'être contraint de renoncer à sa prime de départ.*

**Au ministère du Travail :**

— Bon, il a baissé ou il a pas baissé, ce chômage ?

— Monsieur le ministre, le chômage de catégorie A a baissé de 19900 personnes, mais le chômage des catégories B, C et D a augmenté.

— Donc ?

— Donc, si on additionne les catégories A, B, C et D, le chômage a augmenté de 41500 personnes, monsieur le ministre.

— Oui, mais si on s'en tient au A, la courbe a baissé. Ouf, on est sauvés.

— Sauf que tripoter le thermomètre, ça n'a jamais fait baisser la fièvre.

**Chez le PDG de PSA :**

— Quoooi ! Renoncer à 21 millions d'euros, mais qu'est-ce qui t'a pris ? Tu es… tu es devenu fou !

# LA COURBE DU CHÔMAGE NE FLÉCHIT PAS

— J'ai été obligé, chérie. Au Medef, ils m'ont supplié ; au gouvernement, ils m'ont menacé ; même le président s'en est mêlé.

— Mais enfin, c'était prévu dans ton contrat !

— Dans le contexte actuel social, ce chiffre ne passe pas du tout.

— Mais moi, j'avais des tas de projets pour cet argent. Comment on va boucler les fins de mois ? Comment on va payer l'ISF ? La maison dans le Lubéron ? La femme de ménage philippine ? Les études des enfants à l'étranger ?

— Comme tous les retraités français, on va faire attention.

**Chez ma bouchère :**

— Soi-disant que le chômage aurait baissé, mais enfin, moi, tous les jeunes que je connais, ils trouvent pas de boulot.

— Forcément, les gamins, aujourd'hui, ils veulent tous travailler dans la communication et le management, mais être plombier, ça n'intéresse personne. Nous, on cherche quelqu'un à la boucherie, eh ben, on trouve pas !

— N'empêche, il aura réussi à la baisser, sa courbe, Moumou I$^{er}$.

— Peut-être que la courbe a baissé, mais lui, il fait vraiment pas le poids !

**Chez le président :**

— Monsieur le président, je ne comprends pas bien pourquoi, à Aubervilliers, vous avez déclaré que la courbe du chômage n'allait peut-être pas baisser alors que vous saviez pertinemment qu'elle allait diminuer.

— Mais parce que j'ai le triomphe modeste, je ne suis pas Sarkozy.

— Les journalistes ont dit que c'était encore un couac.

— Je me moque de ces experts en couacologie. Je fais exprès de cultiver l'ambiguïté. Regardez la situation politique : la droite est inaudible. Mélenchon ne sait plus quoi dire pour refaire parler de lui. Les écolos sont au bord de l'implosion. Et tout ça grâce à qui ?

— Mais l'extrême droite n'arrête pas de monter, monsieur le président !

— Tant mieux ! Ça me donnera l'occasion de rassembler la gauche contre le péril fasciste. Je suis beaucoup plus habile qu'il n'y paraît. Je les domine tous. Manuel Valls s'est réconcilié avec Christiane Taubira, Martine Aubry cherche des idées constructives au cas où je daignerais la nommer Premier ministre. Même Montebourg renonce à se présenter en 2017. Les gens me prennent pour un doux rêveur à la cravate de travers, mais je suis un grand joueur d'échecs, j'ai toujours un coup d'avance.

— Monsieur le président, les manœuvres politiciennes, c'est bien ; une action politique efficace, ça serait mieux.

*(1er décembre 2013)*

Menu Pôle emploi

*Poêlée de licenciements*
*gratinés de plans sociaux .*

*

*Carpaccio de CDI*
*et sa garniture de CV à volonté.*

*

*Cassolette de chômeurs*
*et son crumble d'Assedic.*

*

*Plateau de CDD*
*et son crottin de temps partiel.*

*

*Farandole de stagiaires.*

# La Journée des patrimoines

*Après l'affaire Cahuzac, François propose que le patrimoine des élus fasse l'objet d'une déclaration.*

**Patrimoine ministériel :**

— Il vaut combien notre appartement ? 60 m² dans le XVe…

— Sur Internet, ils annoncent 650 000 euros.

— Quoooi ? Mais non, c'est beaucoup trop ! Tu es folle ! En plus, l'immobilier a baissé.

— Chéri, comme on a une terrasse et une vue sur Paris, ça vaut peut-être même 750 000 euros.

— Tu veux foutre en l'air ma carrière, c'est ça ?! 750 000 euros, ça va choquer les populations.

— Je marque combien ? 500 000 euros ?

— Non ! 500 000 euros, ce n'est pas assez, je n'ai pas envie de me retrouver dans Mediapart. On va dire 550 000. C'est juste un peu d'anticipation, puisque l'immobilier devrait continuer à baisser.

— Et pour la voiture, on déclare quoi ? Une Mercedes coupé cabriolet…

— Non, non… Mets une Twingo comme Cécile Duflot ou une Toyota Prius comme Juppé.

— Mais chéri, on n'a pas de Twingo…

— Eh bien, on vend la Mercedes et on achète une Twingo !

— D'ici à demain ?

— Tu as raison et puis si Mediapart apprend ça, on est mal. Si seulement ils nous avaient parlé de cette histoire de transparence avant, on aurait eu le temps de s'organiser. Bon, et sur le PEL, on a combien ?

— On est obligé de le dire à tout le monde ?

— Tout ! On doit tout révéler ! Ayrault est devenu un extrémiste de la transparence, un ayatollah du patrimoine dévoilé.

— Sur le PEL, on a 35 000 euros.

— Mais c'est beaucoup trop ! Ils déclarent tous 10 000 euros

— On pourrait peut-être faire un virement de 25 000 euros à ma mère…

— Et si elle ne nous les rend pas ? Mais, quelle plaie, cette histoire ! Cahuzac, les ministres ne te disent pas merci !

**Patrimoine présidentiel :**

— Je reprends la main avec cette histoire de moralisation, je le sens ! J'étais normal, maintenant je suis transparent !

— Dans ce contexte un peu tendu, monsieur le président, la convocation pour le procès Kucheida, ça n'est pas un peu gênant ?

— Qu'ils me convoquent ! Je n'ai rien à cacher à la justice : je ne suis au courant de rien, je n'ai rien vu, je ne savais rien.

— C'est comme pour DSK ?

— Voilà.

— Et comme pour Guérini ?

— Aussi.

**Patrimoine populiste :**

— Un politique qui n'a aucun patrimoine, c'est louche. Comment confier la gestion de la France à quelqu'un qui ne sait même pas gérer ses propres économies ?

— Et l'élue du sud de la France qui possède deux appartements à Marseille et une maison en Corse ? Elle prétend que ça vaut 565 000 euros. Si elle revend ça un jour, je veux bien les lui acheter au prix où elle les a déclarés.

— Parfois, j'ai l'horrible impression qu'on est tous atteints de populisme.

— Mais c'est quoi exactement le populisme ?

— Ce sont les « yaka fokon », « y en a marre, ça suffit ! », « tous pourris ! ». Ça a commencé par un immense ras-le-bol sur fond de crise économique, puis ça débouche sur des maladies opportunes, comme la montée des extrêmes, la recherche de boucs émissaires…

— Mais comment ça se soigne le populisme ?

— Si seulement on le savait… Le problème du populisme, c'est que c'est très contagieux et qu'on n'a pas encore trouvé de vaccin efficace.

*(14 avril 2013)*

## Tirade de l'exilé fiscal

*La surtaxation à 75 % fait des vagues. En septembre 2012, Bernard Arnault a demandé la nationalité belge. Le 9 décembre, Gérard Depardieu élit domicile à Néchin, en Belgique, départ que Jean-Marc Ayrault juge « minable ». Dans une lettre ouverte, Depardieu-Cyrano annonce vouloir rendre son passeport et abandonner la nationalité française.*

« C'est assez minable, tout cela pour ne pas payer d'impôts. »
Ah ! non, c'est un peu court, monsieur Ayrault.
On pouvait dire, à Depardieu, bien des choses en somme…
En variant le ton, par exemple, tenez…

ADMIRATIF : *Pour ce petit village paumé, quelle publicité !*

AGRESSIF : *Pour Bernard Arnault, on a dit : « Mais pourquoi ? » Alors que pour vous, c'est, je crois : « Bon débarras ! »*

À LA BARBARA : *« Gérard, dis, quand reviendras-tu ? Dis, au moins le sais-tu ? »*

AMICAL : *À Néchin, certes des impôts vous paierez moins, mais vous allez beaucoup vous ennuyer, je le crains.*

BANLIEUSARD : *Hé ! Gérard, sérieux, pourquoi tu pars ?*
*C'est des impôts ou d'la France, que t'en avais marre ?*

CINÉMATOGRAPHIQUE : *Préparez vos mouchoirs, le fugitif est rue du Départ.*

CURIEUX : *Quand vous partez là-bas, rassurez-moi, c'est bien pour la chaleur du climat ?*
*Ou déménager en Belgique,*
*c'est juste pour planquer votre fric ?*

DRAMATIQUE : *Gérard, je suis au désespoir.*
*Toi, qui es au septième art*
*ce que le camembert est au pinard...*
*Toi, le gaillard gueulard et soiffard, s'il te plaît, reste avec nous, Gérard !*

INTÉRESSÉ : *Avez-vous une chambre d'amis ?*
*Je rêve de m'exiler moi aussi.*

PERFIDE : *Vous, l'ogre de Rabelais, qui buvez et mangez sans compter*
*vous, le passionné, le fou génial et démesuré,*
*se mettre à tout calculer soudain,*
*n'est-ce pas un peu mesquin ?*

PRÉVENANT : *Attention, votre popularité pourrait bien vite dégringoler.*

RESPECTUEUX : *J'admire, monsieur, votre étalage, assumer franchement son exil fiscal demande du courage.*
*D'ordinaire, les artistes quittent le pays en catimini,*
*et quand on leur demande s'ils sont bien partis, la main sur le cœur, offusqués, ils nient,*
*jurant leurs grands dieux payer tous leurs impôts ici.*

SINCÈRE : *Moi aussi, monsieur, si j'avais une telle imposition, il faudrait sur-le-champ que je m'exilasse !*

TRUCULENT : *Monsieur, vous qui aimez tant picoler,*
*ne craignez-vous pas, par l'argent enivré,*
*d'oublier que ce sont les Français*
*qui, en vous aimant,*
*vous ont donné tout ce que*
*vous avez ?*

Voilà ce qu'à peu près vous lui auriez dit,
si vous aviez un peu de lettres et d'esprit.

*(16 décembre 2012)*

# La rigueur et l'effort

*Président de gauche par temps de crise... Pas question de prononcer les mots «austérité» ou «rigueur», pas tout de suite en tout cas. «Effort» conviendra mieux et, pour montrer l'exemple, le président décide que son salaire et celui des ministres sont diminués de 30 %.*

— Monsieur le Premier ministre, je ne comprends pas bien la différence entre l'effort et la rigueur.

— Ça n'a rien à voir, voyons! La rigueur, c'est une politique de droite profondément injuste qui fait souffrir les classes populaires, alors que l'effort, c'est partagé par tous et justement réparti.

— Mais, à terme, la rigueur et l'effort produisent les mêmes résultats?

— Il y a effectivement un risque de mécontentement populaire, mais nous allons le juguler en expliquant qu'il n'y a pas d'autres choix.

— Vous croyez que les Français comprendront?

— Comme l'été approche, on est tranquille pendant deux mois. Ils ne peuvent pas bronzer et manifester en même temps, ça serait trop d'effort.

*(1er juillet 2012)*

## Menu de rigueur

*Mise en bouche :*
*régal de déclarations d'intention.*

*

*Entrée : soupe froide de baisses*
*de frais de fonctionnement.*

*

*Plat principal : fricassée de taxes en tout genre*
*assaisonnées d'impôts salés.*

*

*Dessert : tarte d'économies*
*et sa crème de hausses en tout genre.*

# S(a)medi avec un A en moins

*L'agence de notation Standard & Poor's a dégradé la note de la France de AAA à AA+. Les règles confidentielles de la finance internationale font irruption dans les conversations de tous les jours.*

Quand je me suis levée hier matin, je me suis dit que, finalement, ça ne changeait rien qu'on ait un A en moins. Et puis j'ai croisé ma voisine retraitée dans l'escalier :

— Vous avez vu ? C'est une agence de notation américaine qui a décidé ça… évidemment !

Là, elle s'est mise à chuchoter :

— Plus l'euro va mal, plus le dollar va bien. Ça été décidé en haut lieu par Obama lui-même.

— Obama ?

— Chut ! elle m'a ordonné en considérant le plafond d'un regard suspicieux, comme s'il pouvait contenir un micro. Les Allemands, ils ont toujours trois A ; vous trouvez ça normal ? Chaque fois qu'il y a une réunion européenne, la Merkel, elle est hilare. C'est un complot entre Angela et Obama !

Ensuite, je suis passée à la banque pour retirer un chéquier ; derrière le guichet, le conseiller clientèle affichait une mine maussade.

— Je le trouve pas, votre chéquier… ou alors on l'a détruit.

— Pouvez-vous m'en commander un autre, s'il vous plaît ?

— Ah non ! il a répondu. Dans le cadre des restructurations au sein de notre groupe, notre agence va fermer à partir du 20 janvier.

— C'est pour des travaux ou vous fermez vraiment ? s'est écriée la dame derrière moi.

— On ferme l'agence.

— Mais nous, on ira où ? a protesté un monsieur.

— Ah ça…, a soupiré le conseiller clientèle.

— C'est à cause du A en moins ? a demandé la dame.

— Bien sûr que non ! C'était décidé avant, a répondu le conseiller clientèle en haussant les épaules.

— C'est vrai que les taux d'intérêt vont augmenter ? s'est inquiété le monsieur.

— Vous en serez informé en temps et en heure, a répondu le conseiller clientèle. Mais, oui, ça va probablement augmenter.

— Mais si l'agence ferme, vous, vous allez où ? j'ai demandé.

— Là où vont beaucoup de gens en ce moment : à Pôle Emploi, a répliqué le conseiller clientèle avec un sourire un peu triste.

Après, plus personne n'a posé de questions.

Ensuite, j'ai fait la queue à la boutique Orange.

— Je veux partir ! criait une jeune femme en colère. Donnez-moi mon numéro de RIO ! Je suis libre, non ?

— Est-ce que j'ai l'air d'une gardienne de prison ?

Hakima a esquissé un demi-sourire en cherchant du regard son collègue Youssef. Les conseillers de vente ont leur prénom marqué sur des badges, ils sont plutôt jeunes avec le regard vif, mais, ce samedi, Hakima avait l'air un peu lasse.

— Nous avons mis en place une nouvelle offre tarifaire, je vous propose de regarder de quelle réduction vous pouvez bénéficier.

— N'empêche, pendant toutes ces années, vous vous êtes quand même bien gavés ! a pesté un jeune homme.

— Oui, c'est vraiment dégoûtant ! a dit une dame très chic.

— Ça fait trop pitié, a renchéri une adolescente.

— Vous pensez que c'est moi qui décide des tarifs ? a répondu Hakima d'une voix un peu trop aiguë. Je vous signale que, chez Free, pour l'instant, ils n'ont pas de boutiques ; alors que nous, si vous voulez nous crier dessus, vous savez où nous trouver.

Dans la rue, j'ai croisé des femmes qui venaient de faire les soldes. Indifférentes à la note dégradée, elles se promenaient par grappe de deux ou trois, les bras chargés de sacs, l'air satisfait. C'est une joie très particulière que d'économiser de l'argent en dépensant.

Dans les mois qui viennent, on va tous devoir apprendre à dépenser moins... pour économiser plus.

*(22 janvier 2012)*

# Problèmes de CM1

Compte tenu du fait que le déficit budgétaire est de 10 milliards d'euros, sachant qu'on s'est engagé à engager 60 000 fonctionnaires, calculer en pourcentage de combien on va devoir augmenter les impôts pour arriver à l'objectif fixé.

• • •

La cote de popularité du gouvernement ayant chuté de 7 points en cinquante jours, calculer de combien elle aura diminué d'ici à trois mois.

## Un sommet sur tous les tons

*Les 8 et 9 décembre 2011, vingt-six des vingt-sept pays de l'Union européenne s'accordent pour fixer des règles budgétaires plus strictes face à la crise de la dette.*

**Dans une classe de cinquième :**

— Madame, je ne comprends pas, il y a combien de pays en Europe maintenant?

— Vingt-sept, enfin vingt-huit, avec la Croatie, mais vingt-trois, qui se sont mis d'accord à Bruxelles.

— Madame, on dirait que vous savez plus compter?

— C'est eux qui n'arrivent plus à compter et vous, les jeunes, qui allez devoir apprendre à ne compter que sur vous.

**Avis médical :**

Sauver dix fois l'euro en quatre mois, c'est de l'acharnement thérapeutique ou ils ont déjà attaqué les soins palliatifs? Combien de temps peut-on laisser un pays sous perfusion avant qu'il ne soit victime de nouvelles complications? Quand on voit tous ces grands médecins au chevet de l'euro, on se demande si le pronostic vital est engagé… Ou pas.

**Vu par ma bouchère :**

Vous ne pensez pas qu'il y aurait quelque chose entre Angela et Nicolas ? Tous ces sommets nocturnes, ça ressemble à un prétexte pour passer la nuit ensemble. Il n'y a qu'à voir leur tête après une nuit de négociations : elle est quand même bien souriante et lui, bien fatigué.

**Question à 1 euro :**

À quoi ça sert, quand on est au fond du trou, d'organiser des sommets pour remonter la pente ?

**Questions à un banquier :**

— Si j'ai bien compris, les États européens vont prêter de l'argent qu'ils n'ont pas au FMI, qui va ensuite leur reprêter ?

— Oui, enfin, là, vous schématisez énormément.

— Mais nous… On ne pourrait pas mettre ça en place ? Je vous prête de l'argent que je n'ai pas, et vous me le reprêtez ensuite ? J'ai juste besoin de 5 000 euros.

— Il me faut vos fiches de paie et vos avis d'imposition de ces dix dernières années, un questionnaire médical, une prise de sang, une garantie immobilière… Ensuite, je transmets votre demande au siège et on vous donnera une réponse dans deux mois.

— On parle de germanophobie, d'anglophobie, je me demande si d'un coup je ne serais pas atteinte de banquophobie.

*(11 décembre 2011)*

# Emprunter plus pour se désendetter mieux

*Mises sous pression par Angela Merkel et Nicolas Sarkozy, les banques privées acceptent de renoncer à la moitié de leurs créances sur la Grèce.*

— Dis maman, c'est grave un pays qui a des dettes? me demande ma fille.

— Le problème de la France, c'est que la dette est tellement grosse que, tous les mois, on rembourse les intérêts et pas la dette.

— Et la Grèce, pourquoi on dit qu'elle est presque en faillite?

— Parce qu'elle a tellement de dettes qu'elle ne peut même plus payer les intérêts.

— Ça veut dire quoi AAA?

— Ça veut dire: «Ah, ah, ah! mon Dieu, comment on va faire pour rembourser tout ça?»

*

— Et là, mes économies dans votre banque, avec tout ce qui se passe, ça craint rien?

J'essaie de regarder mon banquier droit dans les yeux pour mieux scruter le fond de son âme. Il soutient mon regard crânement.

— Faut pas croire tout ce qu'on raconte dans les médias…

J'insiste :

— Comment je peux être sûre qu'il n'y a aucun danger?

— Le risque zéro n'existe pas, madame, il merépond, un peu agacé. Votre épargne est essentiellement placée en assurance vie. Ça ne rapporte pas grand-chose, donc ça ne risque presque rien.

— Et s'il y avait un problème? je demande.

Il secoue la tête.

— Si notre banque sautait, c'est que tout le système aurait explosé, mais je vous assure que ça n'arrivera pas.

Il y a un mois, il avait dit : «Je vous garantis que ça n'arrivera pas.»

J'espère juste que dans un mois, il ne me dira pas : «Je n'aurais jamais pensé que ça puisse arriver.»

*

— Ça me fait mal au cœur que, pour sauver les Grecs, on doive obéir aux Allemands et se coucher devant les Chinois, marmonne le boucher.

Sa femme tord le nez, agacée.

— Tu vas pas recommencer! Regarde ici dans la boucherie, la viande est française, M'ame Roumanoff, elle est d'origine russe ; Fahrid, notre apprenti, il est d'origine marocaine, ton couteau est allemand, le boudin vient de Normandie, ma tunique est fabriquée en Chine, ton tablier vient d'Espagne... C'est ça le XXIe siècle.

Elle baisse la voix :

— C'est depuis que notre fille sort avec un Albanais qu'il a du mal. Avant, elle était avec un Roumain, il préférait. N'empêche quand nous, les particuliers, on fait un prêt, il y a des questionnaires médicaux, des garanties à donner... Alors que là, on dirait que plus un État est en mauvaise santé, plus on lui prête de l'argent.

*

— C'est pour préserver la santé de l'épargne des particuliers qu'on prête aux États malades, m'explique un ami économiste.

— Mais qui va rembourser les dettes des États au final ? C'est bien les particuliers ?

Là, mon ami économiste m'a toisée avec un brin de condescendance :

— Décidément, vous les particuliers, vous ne comprendrez jamais rien à l'économie en général.

*(30 octobre 2011)*

## Ce que j'ai compris de la crise financière

*Pendant l'été 2011, les indices boursiers européens chutent lourdement. Les banques françaises font l'objet de rumeurs alarmistes. Les agences de notation dégradent les notes de plusieurs pays, dont les États-Unis.*

**AAA:** ce sigle est aussi marqué sur les piles de la télécommande et sur certaines andouillettes, mais il paraît que ça n'a aucun rapport.

**Agences de notation:** organismes mystérieux qui mettent des notes aux pays en leur faisant passer des examens de santé sans prise de sang mais qui, comme remèdes, exigent de saigner le pays.

**Banquier:** celui qui t'aide en cas de pépin mais qui te plante en cas de noyau.

**Bourse:** quand elle plonge, je ne comprends pas pourquoi on dit que l'argent part en fumée.

**Cac 40:** ouvre parfois en hausse et finit souvent en baisse, ou le contraire.

**Dette publique:** comme son nom l'indique, elle appartient à tout le monde, surtout à nos arrière-petits-enfants.

**Déficit :** trou qui se creuse au fur et à mesure qu'on cherche à le combler.

**Économistes :** ce sont des hommes qui prennent un air pénétré pour expliquer qu'on ne peut pas du tout prévoir ce qui va se passer, mais qu'on peut très facilement expliquer ce qui vient d'arriver.

**Emprunts :** pour essayer de rembourser les anciens emprunts, l'État peut en créer de nouveaux. Le particulier, lui, ne doit jamais dire qu'il a déjà un emprunt s'il veut en contracter un nouveau.

**Niche fiscale :** exception à l'impôt qui fait aboyer ses bénéficiaires lorsqu'on tente de les raboter.

**Règle d'or :** idée qui semblait nickel pour régler un problème d'argent mais qui paraît aujourd'hui plombée.

**Semaine noire :** après un lundi rouge et un mardi noir, les investisseurs sont souvent bleus, les traders verts et les actionnaires ont peur d'être marron.

**Vérité :** valeur pas très en cours chez les acteurs de ce film catastrophe.

*(28 août 2011)*

## Nom de Zeus, quel drachme !

*Malgré un plan de sauvetage, la Grèce, incapable de rembourser sa dette publique, continue de s'enfoncer dans la crise. Une faillite aurait des répercussions sur toute la zone euro.*

Nom de Zeus, c'est la grosse crisis en Grekis !
Le pays serait au bord de la faillitis.
Alertés par l'imminence du danger,
Deux sauveurs se sont précipités à son chevet :
Angela Merkelis et Nicolas Sarkosis.
Hélas, les héros de l'euro ne semblent pas s'accorder
Sur les remèdes à apporter à l'économie ravagée :
Faut-il aider les Grecs ou les laisser sombrer ?
Quel dilemnis ! C'est une vraie tragedis…

NICOLAS :
Angela, on doit tout faire pour éviter l'effondrement.
Prêtons aux Grecs de l'argent,
Il faut absolument gagner du temps.

ANGELA :
Payer, encore payer !
Les Allemands en ont plus qu'assez
De toujours mettre la main au porte-monnaie !

Ce sont les Grecs qui ont emprunté,
C'est à eux d'éponger.

NICOLAS :
Crois-moi, Angela, l'économie,
C'est avant tout de la psychologie
L'important, ce n'est pas la vérité,
C'est ce que les gens croient être vrai,
Regarde en France, avec Christine, on pratique la méthode Coué,
Elle répète sans cesse : « La croissance va augmenter »,
Moi, je dis : « La situation est en train de s'améliorer. »
Même si ça n'est pas tout à fait vrai, on permet aux gens de rêver.

ANGELA :
Mais on ne paie pas les additions avec des illusions.
La facture est déjà salée, quand cela va-t-il s'arrêter ?

NICOLAS :
Si la confiance dans les banques s'enfuit,
Crois-moi, on sera tous cuits !
En France, certains retirent déjà l'argent de leur assurance vie,
Les marchés sont inquiets, il faut les rassurer…

ANGELA :
En somme, il faudrait encore aux Grecs prêter,
Pour qu'ils essaient de nous rembourser
Les intérêts de ce qu'ils nous ont déjà emprunté ?

NICOLAS :
Si on refuse de les aider, c'est le désastre assuré !
L'euro, les banques, tout risque de s'effondrer…
On sera tous noyés dans un énorme raz-de-marée.

ANGELA :
Mais si on continue à les perfuser, avec eux on va couler.
Et le plan d'austérité qu'on leur a imposé,
Est-ce qu'on ne pourrait pas l'aggraver?

NICOLAS :
Les Grecs sont déjà étranglés,
Si on continue à les asphyxier
Ils ne pourront jamais se relever,
Les populations vont se révolter…

UN CONSEILLER :
Madame la chancelière, monsieur le président…
Excusez-moi de vous déranger,
L'AFP et les journalistes du monde entier
Attendent une déclaration.
Que leur dit-on?

ANGELA :
Dites-leur… qu'on discute encore
Et qu'on n'est pas du tout d'accord.

NICOLAS :
Préparez plutôt un communiqué
Pour annoncer qu'on s'est accordés sur la nécessité
De trouver une solution avec rapidité.

ANGELA :
Nicolas, pourquoi transformes-tu toujours la vérité?

LE CONSEILLER :
Le président Obama, enfin, un de ses conseillers
Demande que vous annonciez
La date à laquelle un accord va être trouvé…

Angela :

Qu'il s'occupe de la dette américaine,
Au lieu de se mêler des affaires européennes !
La date est indéterminée,
ça n'est pas encore fixé.

Nicolas :

Dites à Barack qu'avant la fin de l'été tout sera réglé,
L'euro et la Grèce seront sauvés…

*(Le lendemain.)*

Nicolas :

Tu vois, Angela, les marchés boursiers ont remonté,
Ils ont été rassurés juste par notre déclaration d'intention.
Qui c'est le champion?

Angela :

C'est vrai qu'il n'y a que toi pour avoir un tel aplomb.

*(19 juin 2011)*

Menu à 50 milliards d'euros

*Assortiments de mesures économiques*
*et grignotages variés en tout genre*

*

*Pot-au-feu d'augmentations d'impôts,*
*de taxes et de prélèvements.*

*

*Froidure de neige humide*
*et sa gelée de sans-abris.*

*

*Clafoutis de fin de mois*
*difficile saupoudré de RSA.*

*

*Infusion d'exil suisse,*
*tisane d'évasion belge.*

# 5

# JOURNAL DE BORD DE FRANÇOIS HOLLANDE

# Lettre de François Hollande au Père Noël

Monsieur le président Noël,

Est-ce que vous pourriez m'offrir une nouvelle boîte à outils pour que j'arrive à faire baisser un peu cette courbe du chômage ?

Je voudrais aussi un nouveau Premier ministre pantin, le mien est un peu usé mais c'est comme un doudou, je n'ai pas le courage de m'en séparer.

Comme l'année 2014 ne va pas être simple, j'aimerais aussi une grosse caisse de vitamines.

PS : si vous pouviez me débarrasser de certains guignols qui m'entourent, ça serait formidable.

*(15 décembre 2013)*

## Impossible n'est pas François

*L'équipe de France rate son match aller en Ukraine, catastrophe nationale ; quatre jours plus tard, elle se qualifie pour la Coupe du monde au Brésil, euphorie générale. Pendant ce temps, la police arrête le tireur de BFM et* Libération *et Jean-Marc Ayrault se lance dans un grand meccano fiscal.*

Alléluia ! La scoumoune s'en va. Depuis mardi soir, tout va mieux en France. Quel match ! Quelle belle victoire ! Quel miracle ! Oubliés le chômage, la crise, les entreprises qui ferment, les « bonnets rouges », l'écotaxe, le fiasco de la réforme des rythmes scolaires. Cette victoire surprise a tout emporté sur son passage dans une immense explosion de joie. Les gens étaient tellement heureux qu'on avait l'impression d'avoir gagné une finale de Coupe du monde. On s'est juste qualifiés in extremis, mais, pour une fois que quelque chose fonctionne en France, on ne va pas faire la fine bouche. Cette qualification, c'est quand même la première vraie grande réussite de mon quinquennat.

Sinon, on a arrêté le tireur fou, et là aussi, c'est un peu grâce à moi. N'avais-je pas déclaré avec toute la détermination et le sens de l'à-propos qui me caractérisent que « la seule instruction qui vaille, c'est celle que j'ai donnée au ministre de l'Intérieur et à toutes les forces de sécurité, c'est d'interpeller et d'arrêter ce tueur » ?

# L'ÉTAT RIPOSTE FACE AUX BONNETS ROUGES

On a mis d'énormes moyens policiers dans cette chasse à l'homme, des hélicoptères ont survolé les Champs-Élysées, les chaînes d'info étaient sur les dents, on a fait des tests ADN, on se serait cru dans *Prison Break*. Ça n'a pas été simple de capturer ce criminel, car, en plus d'un fusil à pompe, il avait une arme redoutable pour nous échapper : un pass Navigo. Heureusement, l'homme a été arrêté grâce à une technique traditionnelle bien française qui a déjà fait ses preuves : la dénonciation.

J'ai été attendri de voir Jacques Chirac tellement diminué lors de la cérémonie au musée des Arts premiers. Jacques Chirac et moi avons beaucoup en commun : la Corrèze, une humanité chaleureuse, l'amour de la bonne bouffe et la détestation du même homme, Nicolas Sarkozy. Chirac et moi, on nous a longtemps pris pour des « cons sympas », alors qu'on est des « pas toujours gentils très intelligents ».

Celui qui m'a gâché cette belle semaine, c'est Jean-Marc Ayrault. Le bulot de Nantes, qui n'a pris aucune initiative pendant un an et demi, a soudain annoncé une remise à plat de la fiscalité. Il a même ajouté : « L'immobilisme, c'est le déclin. » Si ça n'est pas une attaque personnelle, ça !

Les journalistes, qui sont les êtres les plus versatiles que je connaisse, ont déclaré qu'Ayrault reprenait la main. Les ministres étaient fumasses de ne pas avoir été mis au courant. Même à l'UMP, ils ont salué l'initiative. Heureusement, j'ai temporisé, rien ne presse. Remettre à plat la fiscalité, c'est arbitrer, faire des choix clairs, alors que moi, j'aime cultiver l'ambiguïté et attendre.

Moi président, fils spirituel de Mitterrand, je suis le roi du tango argentin : avancer, reculer pour ne pas bouger. J'ai donc déclaré que cette réforme se ferait,

MAIS d'ici à 2017. Et, en 2017, tout le monde sait bien qu'Ayrault ne sera plus là depuis longtemps.

L'équipe de France qui gagne, Ayrault qui s'affirme… Rien n'est irréversible, je reprends espoir. Peut-être que bientôt la courbe du chômage va s'inverser et que ma popularité va remonter…

Impossible n'est pas François !

*(24 novembre 2013)*

# Ô Syrie ennemie !

*Le pouvoir syrien lance une attaque chimique sur un quartier de Damas. François Hollande se dit prêt à «punir» le régime de Bachar el-Assad. Barack Obama envisage une intervention avant de changer d'avis.*

## Lundi

Faire la guerre aux Syriens, ça n'est pas un calcul opportuniste, ça correspond à mes convictions profondes. On ne peut quand même pas laisser ce boucher d'Assad massacrer son peuple sans rien faire. Des limites ont été franchies, il faut réagir.

Moi président, je tape du poing sur la table avec la plus grande fermeté ! Stop ! Ça suffit ! La Syrie, c'est comme le chômage ou la violence à Marseille : si on ne fait rien, ça ne va jamais s'arranger tout seul. Barack m'a appelé pour me demander de l'aide : «*Frankie, can you help me ?*»

## Mardi

Les Français sont contre l'intervention mais que m'importe. Gouverner ou être populaire, il faut choisir. Moi, j'ai choisi : je suis impopulaire parce que je ne gouverne pas.

On va aider qui en Syrie ?
Les mêmes qu'on a combattus au Mali ! Pourquoi ?!?
ALEX.

## Mercredi

Dans la rue, un Français m'a interpellé en me criant : « On n'a rien à faire dans cette guerre ! » Je le dis et je le répète, ce sont juste des frappes aériennes, on n'envoie pas de troupes. Évidemment, le souci, c'est de bien viser pour éviter de tuer des civils mais Barack m'a garanti qu'il avait des plans très précis des installations militaires syriennes. En tout cas, Assad ne pourra pas dire qu'on l'a pris par surprise. Pour être prévenu, il aura été prévenu. Tout juste si on ne lui a pas envoyé un faire-part avec la date et le lieu :

> BARACK ET FRANÇOIS
>
> *ont le plaisir de vous annoncer*
> *l'imminence de frappes aériennes surprises*
> *sur vos installations militaires.*

## Jeudi

« Ô rage, ô désespoir, ô Syrie ennemie ! N'ai-je donc tant vécu que pour cette infamie ? »

Cameron me lâche, Angela ne bouge pas, Barack recule, et moi j'ai l'air de quoi ? Merkel, qui ne pense qu'à se faire réélire, a osé me dire qu'elle préférait une dictature militaire à une dictature islamiste.

C'est complexe la situation là-bas, il n'y a pas, d'un côté, les bons, de l'autre, les méchants.

Ceux que l'on considère comme « les bons rebelles » en Syrie, ce sont « les mauvais islamistes » que j'ai chassés du Mali. Et ce lâche d'Obama qui décide soudain de demander l'avis du Congrès ! Barack aurait dû faire comme moi : autoriser un débat au Parlement mais sans faire de vote. C'est ça, la démocratie !

## Vendredi

J'ai annoncé que j'attendais le rapport des inspecteurs de l'ONU et le vote du Congrès américain.

Comment ça, vous ne me suivez pas? C'est pourtant simple.

Lundi, je préviens que j'attaque.

Mardi, j'explique qu'il faut réagir.

Mercredi, je laisse le Parlement discuter sans décider.

Jeudi, je vais au G20 pour convaincre les autres dirigeants.

Et vendredi, je déclare que j'attends le rapport de l'ONU pour me décider.

Ma position est claire, non?

Et puis, s'il vous plaît, arrêtez de tout le temps me critiquer. Un peu d'indulgence à mon encontre.

Moi président, j'ai des petites difficultés seulement dans deux domaines : la politique intérieure et les affaires étrangères.

*(8 septembre 2013)*

# Moi, président des intempéries...

*Le jour de son investiture, le nouveau président a affronté des trombes d'eau. Le soir, en partance pour rencontrer Angela Merkel à Berlin, son avion a été frappé par la foudre. Depuis, il ne cesse de pleuvoir sur le nouveau quinquennat.*

Je commence enfin à trouver mes marques. Après le chiraquisme et le sarkozysme, voici le hollandisme : une bonhomie bienveillante très IVe République, un sérieux affiché et une grande inefficacité.

Bref, je suis un président tempéré.

Enfin tempéré, c'était le climat de la France avant que je ne sois élu... Depuis mon élection, il n'arrête pas de pleuvoir. « Rainman », « Waterproof », « Mouillette », « Serpillière »... j'aurai tout entendu. En Afrique, la pluie est synonyme de chance et de bonheur.

Quand je ne serai plus président, je ne donnerai pas des conférences onéreuses dans le monde entier, je visiterai des zones arides et desséchées du tiers-monde et on me fera des offrandes pour que j'attire la pluie.

## Moi, président du déluge...

J'ai été à Lourdes visiter les inondés. Jusqu'ici, j'avais évité les visites compassionnelles qu'affectionnait tant mon prédécesseur, mais j'ai marqué ma différence : pas de gravité feinte, pas de discours solennel,

RETRAITE CHAPEAU POUR LES UNS
ET RETRAITE DE MERDE POUR LES AUTRES !
PSA
ALEX.

pas d'annonce spectaculaire, juste une présence discrète. J'ai fait des photos et j'ai serré des mains, comme Chirac au Salon de l'agriculture.

Valérie m'a un peu grondé, car je n'ai pas pu m'empêcher de faire une petite blague désopilante : « Votre saison touristique est en croix, si je puis dire. »

## Moi, président des tempêtes judiciaires...

Mon prédécesseur s'imagine que j'ai monté une cellule dirigée par Stéphane Le Foll pour faire sortir des affaires contre lui. C'est grotesque, il n'y a pas de cellule contre lui, c'est moi qui m'en occupe personnellement.

Ce qui est bien, avec cette affaire Tapie, c'est que ça fait oublier Guérini et Cahuzac...

J'ai exigé fermement à la télévision qu'on me transmette la liste des hommes politiques ayant un compte en Suisse ; ce n'est pas ma faute si on ne me la donne pas.

Moi, je ne mens pas comme mon prédécesseur ; je ne suis pas au courant, c'est toute la nuance.

## Moi, président dans la tempête économique...

Je pars au Qatar normaliser les relations avec ce pays, signer des contrats et résoudre le problème syrien, tout ça en moins de vingt-quatre heures. J'aurais bien aimé leur fourguer quelques Rafale, mais ils préfèrent acheter des clubs de foot.

Au moins à Doha, aucune Femen ne me sautera dessus. Entre les opposants au mariage pour tous et les Femen hystériques, mes déplacements deviennent problématiques. Au Salon du Bourget, mes gardes du corps, chauves et baraqués, étaient un peu embarrassés d'avoir à passer les menottes à ces ravissantes jeunes femmes à moitié nues.

**Le grand avantage de ce mauvais temps...**

C'est qu'il n'y a pas eu de printemps social : même si la France est à sec, personne n'a le courage de manifester sous la pluie.

Qui sait ? Si l'automne est pluvieux, j'arriverai peut-être à faire passer la réforme des retraites en passant entre les gouttes.

*(23 juin 2013)*

# Contestations à Dijon

*À Dijon, le président «normal» rencontre des citoyens mécontents.*

— Quelle idée d'aller dormir à Dijon! Enfin, vous n'auriez pas pu choisir une ville qui me soit un peu plus favorable?

— Vous ne vouliez pas trop vous éloigner de Paris, monsieur le président, et vous souhaitiez faire plaisir à François Rebsamen.

— Mais pourquoi avez-vous laissé tous ces opposants s'approcher de moi?

— Euh, ce n'étaient pas des opposants, monsieur le président, c'étaient des sympathisants socialistes.

— Mais s'ils ont voté pour moi, pourquoi est-ce qu'ils sont aussi agressifs?

— Peut-être éprouvent-ils un peu de… déception?

— Mais quand j'ai été au Salon de l'agriculture et au Mali, tout le monde m'a acclamé!

— Ne vous inquiétez pas, monsieur le président, grâce à la neige, ces petits incidents de Dijon ont déjà été oubliés. Allez, courage! Plus que trois cent cinquante jours avant le prochain Salon de l'agriculture.

*(17 mars 2013)*

# Le Hollande Comedy Club

— Tu as vu, Valérie, comme j'étais énergique pendant ma conférence de presse? J'ai répété plusieurs fois: «J'ai décidé»... Plus personne ne pourra dire que je suis indécis! Dorénavant, je suis un homme à poigne.

— C'est bien, François. Tu veux manger quoi à midi? Viande ou poisson?

— Euh... je ne sais pas.

Et tu as vu l'humour incroyable dont j'ai fait preuve? Il n'y a aucun autre politique que moi qui fasse autant rire les journalistes. Si ça tourne mal en 2017, je pourrai devenir comique, faire une tournée dans toute la France avec mes ministres: le Hollande Comedy Club!

Montebourg ferait son sketch sur le sauvetage des entreprises qui rate à chaque fois; Vincent Peillon, un numéro sur les rythmes scolaires où il expliquerait que, pour réduire la fatigue des enfants, on va augmenter le temps passé à l'école...

Tu vois, même si les Français ne sont pas contents, moi président, je suis satisfait de ma personne: quand plus personne ne croit en vous, c'est important de continuer à croire en soi. Et ça, c'est pas une blague!

*(19 mai 2013)*

# Mon agenda, par François H.

*Invité au 20 heures de TF1, François Hollande assure qu'il tiendra ses promesses et fixe un cap, celui d'« inverser la courbe du chômage d'ici un an ». Une déclaration en forme de compte à rebours.*

Je l'ai révélé à Claire Chazal dimanche dernier, j'ai un agenda où j'inscris tout ce que je vais faire. Maintenant, quand les Français m'interpellent en me demandant : « Alors, le changement, c'est pour quand ? », je leur réponds : « Patience, tout est marqué dans mon agenda. »

Le 6 mai 2012, j'ai inscrit : « Début du changement », et au 1er janvier 2013, j'ai écrit : « Ça y est ! Le changement se voit vraiment ». Le problème, quand on est président, c'est qu'il se passe tout le temps des choses imprévues. Regardez la semaine dernière : Bernard Arnault qui s'en va, les PSA qui veulent rester dans leur entreprise, Ségolène qui revient et la crise qui s'installe…

Avant, gouverner, c'était prévoir, maintenant c'est savoir réagir à ce que l'on n'a pas prévu.

---

### Lundi 17 septembre

---

**10 heures :** trouver 10 milliards d'euros d'économies à faire. (Demander à Fabius s'il a une idée.)

**12 heures :** déjeuner avec Jean-Marc Ayrault pour lui remonter le moral. Il a peur pour son boulot, je vais le rassurer, je le garde au moins jusqu'à Noël. Ensuite, j'aviserai : Marisol, Martine, Manuel, Arnaud... Je choisirai en fonction des sondages et, heureusement, Martine est loin de faire l'unanimité.

**14 heures :** je dois décider d'une contribution exceptionnelle de l'ISF pour octobre. J'hésite sur le montant, 1 milliard d'euros, 2 milliards d'euros... (J'aime bien les chiffres ronds, c'est plus facile pour compter.)

Il faut que je le répète aux Français : dans ce contexte difficile, payer ses impôts, c'est être patriote. Peut-être que je pourrais faire apposer une plaque devant chaque centre des impôts ? *« Ici, des milliers de contribuables anonymes se sont saignés pour payer leurs impôts et sont tombés au champ d'honneur du sacrifice fiscal. Signé : La patrie reconnaissante. »*

## Mardi 18 septembre

**10 heures :** eurêka ! Je vais demander à chaque ministre de trouver 300 millions d'euros d'économies. Vu qu'il y a trente ministres, on va bien finir par arriver à 10 milliards.

## Mercredi 19 septembre

**10 heures :** Conseil des ministres, je vais essayer d'annoncer quelque chose, mais quoi ? Ce n'est pas évident de trouver des mesures qui vont plaire et qui ne coûtent pas d'argent.

## Jeudi 20 septembre

**8 heures :** penser à prendre un solide petit-déjeuner, je dois rencontrer Angela Merkel pour parler de l'euro, ces réunions n'en finissent pas.

## Vendredi 21 septembre

Je les envie presque à l'UMP, ils se font des coups fourrés sous couvert de sourires mielleux… Ça me rappelle le PS d'il y a cinq ans. Finalement, j'aimais bien cette atmosphère trouble où il fallait courber l'échine en attendant des vents meilleurs et ronger son frein avant de porter l'estocade finale. À l'UMP, en ce moment, ils n'ont que deux occupations : se trouver un chef et nous critiquer. Nostalgie…

*(16 septembre 2012)*

# D'incroyables sondages

*Hiver 2012, François Hollande fait la course en tête dans les sondages, au point que ses lieutenants commencent à se partager les portefeuilles.*

Ils sont incroyables, mes sondages. Je dois rester modeste, surtout. Pas de triomphalisme. Il faut que je le dise à Moscovici, qui a déjà constitué le gouvernement. Ils sont perdus à l'UMP en ce moment. M'envoyer Juppé pour débattre! Je n'ai fait qu'une bouchée du «meilleur d'entre nous» qui a été professoral et ennuyeux.

Elle avait mal commencé, cette émission, pourtant, toutes ces questions ridicules sur mon poids et ces extraits vidéo de moi rondouillard devant un gâteau au chocolat. Un débat politique, ça n'est pas «Les Enfants de la télé» tout de même! Tout juste si la journaliste ne m'a pas demandé mon secret pour maigrir. Et cette remarque sur mon humour que j'aurais mis en sourdine...! Ce sont des élections présidentielles, pas un festival du rire. J'ai laissé percer une légère irritation dans le regard. J'ai remarqué que ça me donne de l'autorité quand je fronce les sourcils.

Il paraît que, depuis vingt-cinq ans, aucun candidat n'a été aussi bien placé dans les sondages trois mois avant la présidentielle. C'est fou comme ça rend tout le monde aimable. Je vois de la déférence dans le regard des journalistes, parfois même, déjà, une certaine servilité.

J'ai beaucoup appris en observant les ambiguïtés de Mitterrand, les hésitations de Delors, la passivité de Jospin et les excès de Ségolène... On dit que je copie Mitterrand, mais celui qui m'a le plus influencé, en fait, c'est Chirac : le petit mot qui fait rire, la poignée de main vigoureuse, le vin d'honneur. C'est grâce à Chirac que j'ai appris à aimer la France des salles des fêtes et des maisons de retraite. « J'aime les gens », ça aurait pu être son slogan.

Mon programme, c'est le plus petit dénominateur commun entre tous les Français : que des propositions avec lesquelles tout le monde est d'accord, on n'est pas fou, on a fait des enquêtes d'opinion avant. On doit quand même faire avancer les mentalités. Je l'ai dit à Valls : « Je refuse que mon programme soit uniquement dicté par les sondages », et ensuite j'ai froncé les sourcils.

Évidemment, si ça contrariait trop les gens, il y a des mesures que je ne mettrais pas en œuvre immédiatement ; je tiens à les garder, mes bons sondages.

*(29 janvier 2012)*

# 6

# SCANDALES EN TOUT GENRE

# Plan com pour une Rom

*Octobre 2013. La police interpelle une lycéenne, Leonarda Dibrani, lors d'une sortie scolaire, afin qu'elle rejoigne sa famille expulsée vers le Kosovo. François Hollande tente de mettre fin à la polémique en proposant que la lycéenne revienne sans sa famille. Raté magistral !*

### Dans une chaîne d'info :

Je veux une interview du père ! Je sais qu'on l'a déjà interviewé hier et avant-hier, mais j'ai besoin de savoir comment il compte revenir en France illégalement dès lundi.

Il demande de l'argent pour se faire filmer ? Combien ? Ah ouais, carrément…

Alors essaie d'avoir la gamine. C'est encore plus cher ?

Et la mère ? On l'a presque jamais vue à la télé, la mère ! Je veux la mère ! Débrouillez-vous, tu distrais le père et, pendant ce temps, tu chopes la mère, vous êtes journalistes, oui ou non ?

### Dans une maison d'édition :

Il me faut le portable de Leonarda. On va sortir un livre où elle raconterait son histoire. Ce n'est pas elle qui l'écrira bien sûr, elle le dictera et on laissera quelques fautes de français pour faire plus authentique. On publiera aussi ses SMS, les photos de son portable et ses faux papiers. J'hésite sur le titre : « À quinze ans, j'ai fait plier le gouvernement », ou : « Grâce à moi, le FN va battre des nouveaux records. » Ensuite, on adapte son histoire au cinéma. On pourrait proposer ça à Abdellatif Kechiche, après *La Vie d'Adèle*, *La Vie de Leonarda*, Léa Seydoux jouerait le rôle de la gamine. Elle ne lui ressemble pas ? Justement ! C'est ça l'idée géniale, deux heures de maquillage tous les matins et elle obtient un César pour sa performance. Ou alors on pourrait en faire une comédie grand public, *Bienvenue chez les Roms !* François Cluzet serait parfait dans le rôle de Manuel Valls. Et pour la jouer, elle, on prendrait Elie Semoun, il adore se déguiser. Allez ! Bougez-vous. Trouvez-moi vite le téléphone de cette Leonarda ! Vous êtes éditeur, oui ou non ?

**À l'Élysée :**

— François, merci d'avoir accepté qu'elle revienne étudier en France. Ça, c'est une vraie décision de gauche conforme aux valeurs républicaines. J'imagine déjà son retour, ça va être tellement émouvant. Il y aura toutes les caméras des chaînes d'info, ses amis collégiens vont pleurer. Je pourrais aller l'accueillir à sa descente de l'avion... Cécilia Sarkozy a libéré les infirmières en Libye, moi j'aurai arraché une adolescente aux griffes d'une administration inhumaine.

— Valérie, tu n'iras pas l'accueillir à l'aéroport, sinon Manuel Valls démissionnera.

— Bon débarras !

— Tu sais bien que j'ai besoin de lui. Si tu crois que c'est facile de faire la synthèse entre l'aile droite et l'aile gauche du parti !

— Oh, François, s'il te plaît, pourquoi tu ne laisserais pas aussi revenir sa maman et ses frères et sœurs ?

Quinze ans, c'est trop jeune pour être arrachée à ceux que l'on aime. Tu as entendu ce qu'elle a dit : « Je n'abandonnerai pas ma famille », c'est Antigone chez les Roms.

— Valérie, si je fais ça, le FN prend 10 %.

— S'il te plaît…

— Ça suffit avec cette histoire !

Elle commence à me les briser menu, la Leonarda. J'ai fait un geste, si elle n'est pas contente, qu'elle reste là où elle est ! Je ne vais quand même pas me laisser mener par le bout du nez par une gamine de quinze ans sans papiers.

Je suis président de la cinquième puissance du monde, oui ou non ?

*(29 octobre 2013)*

## Nouveaux proverbes

Qui est mis en examen perd tous ses copains.

*

Qui reçoit des pots-de-vin doit faire disparaître les témoins.

*

Compte en Suisse, gros ennuis avec la justice.

*

Il ne faut pas vendre la peau de Mediapart
avant de l'avoir tué.

*

Qui vole une gomme vole un iPhone.

*

Tout stagiaire mérite salaire.

*

Sans piston monumental, point de logement social.

*

Fautes d'orthographe dans un CV, chômage à l'arrivée.

*

Qui multiplie les crédits additionne les ennuis.

*

# Insomnies de juin

*Après l'affaire Cahuzac, un ancien banquier français affirme qu'il possède une liste de personnalités françaises titulaires d'un compte en Suisse. Claude Guéant est dans le collimateur pour d'étranges mouvements liquides sur ses comptes. Quant à Bernard Tapie, on continue à parler de son arbitrage très favorable…*

**Chez un ministre :**

— Chéri, tu dors?

— Tu vois bien que non.

— À quoi tu penses?

— À l'ex-banquier qui prétend avoir une liste de politiques qui détiennent des comptes en Suisse.

— Mais nous, on est dans cette liste ou pas?

— J'en sais rien, mais il y a des chances. Ils ont dit « un éminent ministre du gouvernement actuel ».

— Mon Dieu, si tu es sur la liste, on fait quoi?

— Je vais nier en bloc, dire que ce sont des calomnies, que je vais défendre mon honneur contre ces attaques ignobles et indignes qui jettent l'intégrité d'un homme en pâture aux chiens sur la foi de simples ragots.

— Mais, chéri, pourtant c'est vrai…

— Chuuut… L'idée, c'est de gagner du temps jusqu'au prochain remaniement pour éviter l'infamie d'une démission à la Cahuzac, qui handicaperait mon avenir politique.

— Chéri, on ne pourrait pas fermer le compte et donner l'argent aux Restos du cœur? On est à gauche, quand même.

— C'est bien ça le problème, le cœur à gauche et le portefeuille en Suisse.

**Chez Claude Guéant :**

— Claude, tu dors?

— J'aimerais bien.

— Claude, tu ne veux pas que je te fasse une tisane de camomille? Ça fait quand même huit jours que tu n'as pas fermé l'œil.

— Ces primes en liquide, je ne les ai pas prises pour moi, mais pour pouvoir payer des indicateurs, mettre de l'huile dans les rouages, rendre des services…

— Une fois, on s'en est quand même servis pour acheter une machine à laver.

— Mais, enfin, si j'avais su que c'était illégal, j'aurais fait attention. Ça me fait mal de lire que j'ai confondu l'État de droit et l'État de droite, que le serviteur de l'État s'est servi dans les caisses de l'État…

— Claude, même les pompiers qui refont des appartements au noir le week-end le savent, jamais de dépôt liquide sur un compte en banque.

— Mais moi, je suis préfet, pas conseiller fiscal. Tout le monde me lâche : à l'UMP, personne ne me soutient, même *Le Figaro* est contre moi.

— Chéri, si tu reprenais un Lexomil? Il faut dormir, maintenant.

— Tu sais ce qui me fait le plus de peine? Nicolas ne me prend même plus au téléphone, il paraît que quand il parle de moi maintenant, il dit : « Le con, le con, mais quel con ! »

**Chez Bernard Tapie :**

— Tu as vu *Sud-Ouest*? « Tapie : l'étau se resserre. » S'ils continuent comme ça, je les rachète et j'te garantis, ils feront moins les marioles.
— Bernard, ils ont le droit d'écrire ça, les journalistes sont indépendants.
— Indépendants ! Déjà que les juges sont en liberté, si en plus la presse est libre, on va où là ?!

**Chez moi :**

— Il faut que tu éteignes, maintenant, il est 2 heures du matin.
— Mais, maman, tu ne vois pas que je réviiise ! Je n'ai pas du tout terminé.
— Il te reste quoi à faire ?
— En géo, la Chine, la Russie, le Moyen-Orient. En philo, la conscience, la morale, la justice, la vérité. En histoire, la vie politique en France depuis 1946. Et aussi l'anglais et l'allemand…
— Bon, ben là, je crois que c'est moi qui ne vais plus dormir.

*(16 juin 2013)*

## L'invention de la part d'ombre

*Après avoir avoué qu'il avait été titulaire d'un compte en Suisse, Jérôme Cahuzac présente lors d'une émission télé de « plates excuses » pour sa « folle bêtise » et sa « part d'ombre ».*

— Je n'en peux plus, cela fait déjà deux heures que l'on répète.

— Jérôme, votre interview va être disséquée, analysée, jugée, il ne faut rien laisser au hasard. On récapitule : quels sont les mots à éviter absolument ?

— Compte en Suisse, fraude fiscale, évasion de capitaux...

— Bien, et les mots à employer ?

— Erreur... J'ai commis une terrible erreur... Comme je regrette cette terrible erreur...

— Attendez ! C'est un peu plat, « terrible erreur ». Il faut frapper les esprits. Quelqu'un a une idée ? Il faudrait une expression plus puissante.

— Faute morale ?

— Non. « Faute morale », on s'en est déjà servi pour DSK.

— Terrible culpabilité ? Faute d'une gravité incommensurable ? Erreur impardonnable ? Pulsion irrépressible ?

— Trop banal. Moi, je pensais à « part d'ombre ».

— « Part d'ombre » ? C'est quoi, ça, « part d'ombre » ?

# "LA PART D'OMBRE" DE CAHUZAC

— « Part d'ombre », c'est le côté obscur, mystérieux, inavouable que chaque être humain porte en soi.

— Ah oui... comme une sorte d'inconscient maléfique...

— Mais euh... comment je vais caser ça pendant l'interview ?

— Dès que l'on vous parle du compte en Suisse, vous répondez « part d'ombre ».

— Cet argent, c'est ma part d'ombre...

— Non, Jérôme, pas le mot « argent ». C'est très *touchy*, en France, en ce moment.

— Allez, on reprend le *media training* : « Avez-vous des regrets ? »

— Oui, on a tous une part d'ombre en soi, j'ai commis une faute morale.

— Non, Jérôme ! « Faute morale », c'est DSK ; vous, c'est « part d'ombre », concentrez-vous un peu ! Et puis arrêtez avec ce regard narquois... Il faut que vous ayez l'air abattu.

— Mais je me sens très abattu.

— Oui, mais hélas ça ne se voit pas assez. Vous devez être humble, touchant, fragile. Il faut que les femmes aient envie de vous prendre dans les bras et que les hommes éprouvent de l'empathie.

— Et puis enlevez votre cravate, c'est l'homme blessé que l'on doit voir, pas le ministre charismatique. Allez, on reprend !

— Je suis fatigué, je n'en peux plus...

— Bravo ! Vous êtes enfin dans le bon état pour l'interview. On y va... Attendez, vous êtes un peu trop bronzé, ça ne vous ennuie pas si l'on vous rajoute des cernes ?

— Mais la maquilleuse a mis vingt minutes à me les enlever.

— On va juste mettre un peu d'ombre sous vos yeux et on va remonter la lumière sur votre chemise blanche pour illuminer votre visage de l'intérieur.

Parfait !

Après cette interview, les gens vont enfin y voir clair.

*(21 avril 2013)*

## L'excuse à tout faire

— Je t'ai trompé, c'est vrai, mais je n'y suis pour rien, ça n'était pas moi mais ma part d'ombre.

— Maman, je voulais réviser le bac. Vraiment, je voulais, mais j'ai joué à la console de jeux tout le week-end, ça doit être ma part d'ombre.

— Deux grammes d'alcool, pourtant je n'ai pas bu une goutte. À moins que ça ne soit ma part d'ombre qui ait bu à ma place.

— Monsieur le percepteur, je n'arrive pas à payer mon troisième tiers, c'est ma part d'ombre qui a dépensé l'argent des impôts.

*(21 avril 2013)*

# Y a plus de morale !

*Une fraude sur la viande de cheval secoue de nombreux pays européens. Un projet sur la transparence de la vie publique, censée mettre un terme à l'affaire Cahuzac, provoque l'opposition de nombreux élus qui refusent la publicité sur leur patrimoine.*

**À la boulangerie :**

— Je vais vous dire, madame Michu, il n'y a plus de morale ! On vous vend du cheval comme du bœuf. On nous raconte que Hollande est à gauche, que Nabila est une star et que la courbe du chômage va s'inverser…

— Quand on pense qu'ils ont pris un chirurgien esthétique pour opérer le budget. Faut pas s'étonner qu'il ait maquillé ses comptes.

— N'empêche que, quand il a dit qu'il avait menti, il a dit la vérité. On dirait que les gens regrettent qu'il n'ait pas continué à mentir en ayant l'air de dire la vérité. Comprenez-vous ?

**Référendum sur la moralisation de la vie publique :**

① Pensez-vous qu'un référendum puisse moraliser la vie politique ?

② Peut-on cumuler un mandat parlementaire avec un compte à l'étranger ?

③ Souhaiteriez-vous que les hommes politiques mentent moins, un peu moins ou plus du tout?

④ Un référendum avec des questions aussi stupides sert-il à quelque chose?

**Que celui qui n'a jamais menti lui jette la première pierre :**

«Chérie, je n'ai pas, je n'ai jamais eu de maîtresse. Cette odeur du parfum, c'est parce qu'on était serré dans le métro.»

«Monsieur l'agent, je n'ai pas, je n'ai jamais fait d'excès de vitesse. Ou alors mon compteur ne marche pas.»

«Maman, je n'ai pas, je n'ai jamais triché en classe. C'est la prof qui ne m'aime pas.»

«Monsieur le banquier, je n'ai pas, je n'ai jamais été à découvert. Mon compte a dû être piraté sur Internet.»

*(7 avril 2013)*

## Confession du fraudeur

Je reconnais devant mes frères
Que j'ai fraudé
En pensée, en parole,
Par action et par omission.
Oui, j'ai vraiment fraudé,
Avec des montages financiers sophistiqués
Et des sociétés écrans,
Et cela depuis plus de vingt ans.

C'est pourquoi je supplie l'opinion publique,
Les juges, les médias, la classe politique
De bien vouloir me pardonner,
Comme je pardonne à mon avocat fiscaliste,
Mon gestionnaire de fortune et mon banquier suisse
De m'avoir incité à privilégier
L'argent plutôt que la moralité,
Et surtout d'avoir fait passer,
Avant l'intérêt général, mon intérêt particulier.

Mis au ban de la société, vilipendé,
Condamné, avant même d'être jugé,
Ostracisé, piétiné, par mes anciens amis indignés
Qui voient en moi la corruption incarnée
Quand Guérini continue de nier
Des faits établis qu'on ne peut discuter,

Ne trouvez-vous pas que je prends un peu cher,
Surtout si l'on considère
Que « faute avouée est à moitié pardonnée »
Et qu'il ne faut jamais piétiner un homme à terre ?

*(7 avril 2013)*

# La guerre des dames

*À l'issue du deuxième tour des législatives, Olivier Falorni est élu député de La Rochelle ; Ségolène Royal ne sera pas présidente de l'Assemblée, comme son ex-compagnon le lui avait promis. L'inimitié entre son actuelle compagne et son ex ne fait pas les affaires du président.*

*Dimanche 17 juin, Ségolène :*

Ô rage, ô désespoir, ô Rochelle ennemie,
N'ai-je donc tant vécu que pour cette infamie ?
Ô électeurs rochelais,
Pourquoi m'avoir si cruellement rejetée ?
Et toi, Falorni, traître du parti,
Sache que tu seras puni pour ta félonie.
Les traîtres, tôt ou tard, par le ciel sont châtiés.
Et si ça n'advient pas, moi je m'en chargerai.

*Dimanche 17 juin, Valérie :*

Ouf, la gauche a gagné malgré le Tweetgate… François ne veut plus que je l'accompagne dans ses voyages mais, au moins, il a arrêté de me bouder.

*Lundi 18 juin, Ségolène :*

On ne parle que de moi, même quand j'échoue, je suis au cœur de l'actualité. Le CSA râle parce que les médias ont diffusé mon appel du 17 juin à 19 h 45, mais je me suis défendue sur Twitter : « Ça ressemble à quoi cet acharnement sur une femme politique honnête ? » Ça ferait un bon sujet de bac philo : « L'adversité renforce-t-elle la combativité ? » Dans mon cas, oui, oui et oui ! Qu'on se le dise : je suis à terre mais toujours debout.

*Lundi 18 juin, Valérie :*

Je ne dois plus tweeter, je ne dois plus tweeter...

*Mercredi 20 juin, Ségolène :*

Ma meilleure ennemie est en couverture de tous les magazines ; on ne sait plus si on lit *Voici* ou *L'Express*. Un ami m'a expliqué que c'était misogyne de s'acharner ainsi contre elle. Et moi quand on me critique, c'est de la misogynie, du machisme ou de l'injustice ?

*Mercredi 20 juin, Valérie :*

Dire que j'ai 124583 followers...
Ça me fait mal au cœur de fermer mon compte Twitter.

*Jeudi 21 juin, Ségolène :*

Dans *Le Monde*, ils ont prétendu que je cherchais à me recaser à la tête de l'ARF, l'Association des régions de France. Quel mensonge ! J'aspire à beaucoup plus que de diriger un truc dont personne n'a jamais entendu parler.

J'ai dû faire une mise au point sur Twitter : « Je n'ai rien demandé et ne demande rien. Merci d'arrêter de parler à ma place. »

Je suis comme ça, moi : directe, sincère, passionnée, entière. Comme je suis aussi classe et élégante – pas comme qui-vous-savez –, j'ai félicité Claude

Bartolone : « Je souhaite très sincèrement à Claude Bartolone de réussir cette belle mission. » L'élégance, c'est maintenant.

*Jeudi 21 juin, Valérie :*

Ségolène a envoyé six tweets aujourd'hui, c'est pour me narguer ou c'est parce qu'elle rêve de me ressembler ?

*Vendredi 22 juin, Ségolène :*

N'empêche, la gauche me doit beaucoup, quand je pense à tous ceux qui, sans moi, n'en seraient pas là : François, Delphine Batho, Bartolone… J'avais retrouvé mon calme quand j'ai vu la couverture de *Elle*. On y voit qui-vous-savez avec ce titre provocateur : « Seule contre tous. » Mais c'est moi qui suis seule contre tous ! Je suis la première victime de France.

*Vendredi 22 juin, Valérie :*

Ségolène m'accuse dans *Le Point* d'avoir bousillé sa famille. Ça me démange de lui répondre, mais j'ai promis de ne plus envoyer de tweet quand je serai en colère.

Elle ne perd rien pour attendre : tweetera bien qui tweetera la dernière…

*(24 juin 2012)*

# Le tweet et le style

*Le 12 juin, Valérie Trierweiler adresse un tweet de soutien à l'adversaire de Ségolène Royal à l'élection législative de La Rochelle. Vingt-deux mots qui provoquent un séisme intime et politique.*

**À la manière de la marquise de Sévigné :**

Imaginez-vous, ma chère, l'histoire la plus inouïe qui soit, il est arrivé cette semaine un scandale incroyable à la cour du roi. La favorite du roi François, qui ne porte pas dans son cœur Mme Royal de La Rochelle, a humilié sa rivale publiquement. Le roi est très embarrassé, Mme Royal se dit meurtrie, la favorite ne dit plus mot. On ne parle que de ça et de l'affaire Morano de Toul, cette duchesse aux manières de poissonnière qui n'est pas très regardante quant à ses liaisons politiques. Tout cela sera sans doute oublié dans une semaine, mais je suis un peu lasse du bruit qu'on en a fait, au regard des vrais problèmes que traverse notre royaume.

**À la manière de Thierry Roland :**

— Joli tacle du numéro 2 sur la numéro 1.
— Mais c'est un coup franc… Oh oui, pour moi c'est un coup franc. Il y a faute !

— Carton rouge ! Ça mériterait un carton rouge, mais l'arbitre, M. François, fait mine de n'avoir rien vu.

— Ah, il n'aime pas la bagarre cet arbitre, c'est ce qui fait sa force.

— Ça vous semble normal, Jean-Mimi ?

— Tout à fait, Thierry.

**À la manière de San Antonio :**

Une belle rousse avec des yeux de braise qui a dû laisser plus d'un cadavre sur son passage. Et l'autre châtain clair, mais avec un sourire ravageur qui éclaire son visage que t'as l'impression qu'il fait beau même quand il pleut. Ça chauffe entre les deux souris. Elles se ressemblent comme deux gouttes d'eau. Remarque, ça tombe bien, il pleut des cordes en ce moment. Des tigresses comme ça, belles et rebelles, moi je dis qu'il faut surtout pas chercher à les mettre en cage, elles sont indomptables, c'est ça qui fait leur charme.

**À la manière de Feydeau :**

SÉGOLÈNE : François, dis quelque chose !

FRANÇOIS : Bah…

VALÉRIE : C'est elle ou moi !

FRANÇOIS : C'est toi, bien sûr, mais je t'en prie, tais-toi…

VALÉRIE : Jamais ! Je suis une femme libre et indépendante !

SÉGOLÈNE : Et moi, je suis une femme indépendante et libre !

FRANÇOIS : Ah si je pouvais me libérer de vous pour retrouver mon indépendance.

**À la manière de la baronne de Rothschild :**

Dans les familles recomposées, hélas fréquentes à notre époque, il convient d'établir des relations courtoises et apaisées avec la première épouse de votre conjoint. Vous veillerez à parler d'elle avec respect et considération en toutes circonstances. Pourquoi ne pas l'inviter à prendre le thé, afin de faire plus ample connaissance ?

**À la manière de Victor Hugo :**

Braves gens, prenez garde aux choses que vous tweetes.
Tout peut partir d'un mot qu'en passant vous perdîtes,
Tout, la honte, l'embarras, les tracas,
Écoutez bien ceci…
Ce tweet que vous avez écrit
Vite fait, sans trop y penser,
Court, à peine lancé,
Part, bondit, se répand sur la Toile,
Paraît dans le journal.
Il vous échappe, il fuit, rien ne l'arrêtera,
Vous regrettez déjà,
mais trop tard, il s'en va
Droit chez la personne concernée
Et dit : « Me voilà, j'ai été posté par Unetelle. »
Et c'est fait, vous avez une ennemie mortelle.

*(17 juin 2012)*

# Écoutes très très indiscrètes...

*Les révélations se succèdent dans l'affaire Karachi, alimentées par les témoignages des ex-femmes de Ziad Takieddine et Thierry Gaubert, qui furent proches du pouvoir.*

CONVERSATION ENTRE NICOLAS SARKOZY ET FRANÇOIS FILLON *(21 septembre, 18 h 06)*

— Je réussis en Libye, j'assure en Syrie, je suis sur le point de résoudre le conflit palestinien, j'ai fait un discours brillant à l'ONU et personne ne s'en aperçoit ! On ne parle que de ces valises de billets !

— C'est DSK qui doit se marrer ! On l'a presque oublié.

— La seule qui me défende vraiment, c'est Nadine Morano. Celle-là, elle est toujours partante pour servir de chair à canon sur les plateaux télé. Elle a un culot, cette Morano ! Tu l'as vue au « Grand Journal » ? Elle a dit que toutes ces affaires, c'était la preuve qu'on était dans une république irréprochable… Faut oser, quand même ! C'est à cause des femmes, tout ça. Imagine que Takieddine ne voulait filer que 2 000 euros par mois à son ex, normal qu'elle ait eu envie de se venger. Comme dit le dicton : « Si tu as transporté des valises de billets, évite de divorcer. »

Conversation entre Édouard Balladur et madame *(21 septembre, 21 h 05)*

— Faribole, fadaise, calomnie, mensonge, ragot, billevesées, karachipotage…

— Qu'est-ce que vous dites, mon ami?

— Je cherche des mots pour qualifier ces attaques ignobles dont je suis l'objet. Il ne faut pas me chercher, sinon ça va karachier!

Conversation entre Nicolas Sarkozy et François Fillon *(21 septembre, 10 heures)*

— Quel abruti, ce Brice! Il en loupe pas une. Prévenir Gaubert puis l'appeler pendant sa garde à vue! Quand l'Auvergnat fait une gaffe, ça va; c'est quand il en fait plusieurs que ça pose problème.

— Une chance qu'il ne soit plus ministre!

— S'il avait été ministre, au moins on aurait pu le faire démissionner, mais là, je fais quoi pour éteindre l'incendie? Avec des amis pareils, franchement on n'a pas besoin d'ennemis.

Conversation entre Brice Hortefeux et Nicolas Sarkozy *(23 septembre, 10 h 30)*

— Mais, Nicolas, je ne pouvais pas deviner que Gaubert était sur écoute…

— Idiot! Imbécile! Incapable!

— Chut! Si ça se trouve, nous aussi, on est sur écoute. Je vais porter plainte pour savoir d'où viennent ces fuites. Après avoir été écouté, je vais exiger d'être entendu.

Conversation entendue au marché *(24 septembre, 11 heures)*

— Tout ça, en fin de compte, c'est des gens qui se détestent : Chirac déteste Balladur, Villepin déteste Sarkozy, Chirac déteste Sarkozy. La politique, c'est : « Détestez-vous les uns les autres. »

— Si ce grand déballage de valises continue, j'en connais un qui va bientôt faire ses bagages.

*(25 septembre 2011)*

# Cher François-Marie...

*Le 1er septembre 2010, le domicile de Liliane Bettencourt est perquisitionné par la police pendant sept heures. La juge d'instruction, Isabelle Prévost-Desprez, s'interroge sur les relations financières de la milliardaire avec son gestionnaire de fortune, Patrice de Maistre, et le photographe François-Marie Banier.*

Outrée, je suis outrée ! Ces horribles policiers ont osé pénétrer chez moi avec cette espèce de juge gauchiste qui s'habille comme un sac.

J'ai voulu offrir une gratification à un policier qui s'est montré moins mal élevé que les autres, une petite enveloppe avec 1 500 euros en liquide, comme je donne à ma coiffeuse quand je suis contente de mon brushing, il m'a regardée, horrifié : « Je n'ai pas le droit d'accepter, madame. » Patrice de M... ou vous, cher François-Marie, vous faisiez moins de manières, et pour des sommes un peu plus conséquentes.

Les policiers cherchaient les petits papiers où l'on me note les phrases que je dois dire avant un rendez-vous important. Et alors ? Les présentateurs télé, qui sont beaucoup plus jeunes que moi, utilisent aussi des prompteurs... Quel crime ai-je commis, sinon celui d'être trop généreuse ?

On m'interdit de vous voir, cher François-Marie, et vous me manquez terriblement. Vous n'imaginez pas comme je suis sollicitée depuis que toute cette terrible affaire a vu le jour. Je ne savais pas qu'il y avait autant de pauvres en France. Il y a aussi tous ces gens importants qui se font du souci pour leur avenir professionnel.

J'ai été contactée par Bernard K... qui, paraît-il, n'est plus ministre pour très longtemps. Il cherche un petit boulot à partir de novembre. Il se propose de venir me faire la conversation. Voici ce qu'il m'écrit: «Je suis souvent contrarié mais jamais contrariant.» Je doute, cependant, qu'il soit aussi amusant que vous. Il y a aussi un certain Raymond D... qui prétend avoir l'habitude de côtoyer des milliardaires en short et de les laisser agir à leur guise, c'est d'ailleurs pour cela qu'il aurait perdu son emploi. Je doute fort que, parmi tous ces gens intéressés, il y ait des gens vraiment intéressants.

Tout le monde veut être mon ami et pourtant je me sens si seule... Mon petit-fils prétend que, si j'étais sur Facebook, ma page «amis» serait pleine en deux heures. J'espère que vous n'êtes pas trop fâché de ne plus être mon légataire universel. C'est mon avocat qui a insisté. «Qui dois-je mettre à la place?», ai-je demandé.

«C'est vous qui décidez, madame», a-t-il répondu en parlant très fort au cas où nous serions enregistrés. Puis il m'a tendu un petit papier avec son nom griffonné dessus. «Pre-nez-le-temps-d'y-ré-flé-chir», a-t-il ajouté en articulant bien chaque syllabe avant d'avaler le papier.

Les gens vont manifester contre la retraite à soixante-deux ans. Et moi? Est-ce que, à quatre-vingt-sept ans, je n'aurais pas droit à un peu de tranquillité?

Moi aussi, j'aurais bien envie de crier ma colère: «Laissez-moi donner mon argent à qui je le veux bien!»

Votre Liliane qui pense à vous

PS: Pour le tableau de Picasso que vous m'aviez demandé, je vous le ferai porter dès que cette horde de photographes cessera de camper devant mon domicile. Pour me faire pardonner cette histoire de testament, je vous joins un petit chèque de 50 000 euros pour vos menues dépenses de rentrée. Je ne mets plus de liquide, car il paraît que je n'ai plus le droit d'en retirer. Mais, comme vous me le dites si souvent, l'argent n'a d'importance que pour ceux qui n'en ont pas.

*(5 septembre 2010)*

# 7

# EN HOLLANDIE

## Tragédie en Hollandie

*Le 25 janvier, François Hollande appelle l'Agence France-Presse pour faire savoir, par un communiqué de dix-huit mots, qu'il a « mis fin à la vie commune » qu'il partageait avec Valérie Trierweiler.*

ELLE : Errante et sans dessein, je ne cesse de pleurer,
Ah, ne puis-je savoir si j'aime ou si je hais…
Que dois-je faire encore? Comment agir enfin?
Pardonner ou lui faire payer l'affront…
Mais le voilà qui vient,
Ravalons mon chagrin.

LUI : Je vous cherchais, madame.
Entendez-vous ce vacarme?
Le peuple gronde et réclame…

ELLE : Quoi? Parlez-moi, ouvrez enfin votre âme.

LUI : Le peuple réclame une clarification, madame.

ELLE : Ah, cruel! Les journaux disaient vrai,
Tu veux donc me quitter.
Toutes ces années que, près de toi, j'ai passées,
Le sacrifice de mon métier, le soutien que je t'ai apporté…
C'est moi qui pars. Va, je te rends ta liberté.

LUI : Merci pour votre noblesse d'âme, madame…

ELLE : Ingrat ! Tu crois donc que je vais rendre si facilement les armes ?
Après le chagrin et l'humiliation, en moi a grandi la colère.
Ah ! tu vas payer cher ton histoire de scooter !
Je demande réparation pour l'affront subi,
Mon humiliation n'a pas de prix,
Il me faut de l'argent et un appartement !

LUI : C'est que j'ai déjà quatre enfants…

ELLE : Il fallait y penser avant.

LUI : Oh, cruel destin ! Quelle femme entêtée !
Comment vais-je me sortir de ce terrible guêpier ?
Madame, à la demande de mes conseillers,
J'ai rédigé un communiqué.

ELLE : Non content de m'avoir menti, trahie et trompée,
Vous souhaitez donc publiquement me répudier !
Jamais ! Vous entendez, jamais je n'accepterai !

LUI : Voilà également un arrangement financier.

ELLE : Vous croyez m'acheter ! Je ne suis pas à vendre.

LUI : Madame, je vous en prie, il s'agit du pays.
Puis-je au moins compter sur votre discrétion ?
Je vous en conjure, pas d'états d'âme dans la presse étalés,
Pas de petits secrets publiquement révélés,
Pas de confidences perfides çà et là distillées…

ELLE : Pour qui me prenez-vous, monsieur ? J'ai de la dignité !
Je n'aspire qu'à une chose, retrouver la tranquillité

HOLLANDE RELANCE LA RÉFORME TERRITORIALE

Et me remettre à travailler…

LUI : Alors pourquoi partir en Inde ? Faites-vous oublier.

ELLE : Avant vous, j'existais, monsieur, après vous je vivrai !
Vous espériez que je devienne muette et transparente ?
C'est mal me connaître, je suis une femme flamboyante !

LUI : Oubliez, s'il vous plaît, toute idée de vengeance,
Pensez plutôt un peu à l'état de la France.
Quel spectacle donnons-nous au monde entier,
ce vaudeville ridicule doit, au plus vite, cesser.

ELLE : La digne Ségolène l'avait dit avant moi :
« Qui a trahi trahira. »
Je me retire, monsieur, et souhaite bonne chance
À vous et à la France…

LUI : *(resté seul)*
Elle est partie, enfin ! Je devrais me réjouir et pourtant,
Loin d'être tranquillisée, mon âme inquiète ressent
Que ça n'est pas, hélas, la fin de mes tourments.

*(26 janvier 2014)*

## Prière au président

✝

Le nouveau pape a dit qu'il fallait prier, alors prions…

*Notre François qui êtes président,*

*Que votre compétence vienne,*

*Que la dette se réduise,*

*Que des résultats arrivent.*

*Donnez-nous aujourd'hui notre emploi de ce jour.*

*Pardonnez-nous nos dépenses,*

*Comme nous pardonnons à ceux qui nous ont endettés,*

*Ne nous soumets pas à la tentation du FN,*

*Mais délivre-nous de Marine, amen.*

## Celui qui ne veut rien entendre

— Le chômage remonte, je ne comprends pas, vous m'aviez pourtant promis qu'il baisserait.

— Monsieur le président, le souci c'est qu'il y a une reprise partout en Europe sauf en France.

— Mais pourquoi?

— Il semblerait qu'il y ait un manque de confiance des acteurs de l'économie qui induit une difficulté à se projeter positivement dans l'avenir.

— Ce qui veut dire?

— Que, comme tout le monde est pessimiste en France, la croissance ne redémarre pas.

— Que, faut-il faire?

— Redonner confiance aux Français, monsieur le président.

— Comment voulez-vous que je leur redonne confiance, alors qu'ils n'ont plus confiance en moi? Moi-même, à force, je perds confiance…

— Chut! Il ne faut surtout pas qu'ils le sachent, essayez de leur faire croire que vous y croyez encore.

— D'accord, je vais dire que je me réjouis, car «il y a une évidente décélération du chômage».

— Une décélération?

— Une décélération, c'est un ralentissement de la hausse. Ça continue à augmenter mais plus lentement.

— Monsieur le président, je ne suis pas sûr que changer de mots suffise à masquer les maux.

Je crains, quant à moi, une « évidente décélération » du vote socialiste aux prochaines élections.

— Voilà au moins une courbe que j'aurai réussi à inverser.

*(30 novembre 2013)*

# Celle qui n'écoute personne

*Ségolène Royal pose pour un magazine en tunique blanche, un drapeau tricolore à la main, version modernisée du tableau de Delacroix,* La Liberté guidant le peuple.

— On ne parle que de moi et de ma photo en Delacroix? Mon jour de gloire est arrivé!

— Maman, tu es sûre que c'était une bonne idée de poser en robe de bure, un drapeau à la main?

— Oh, ça va! Je ne suis pas ministre, je suis une femme libre, je fais ce que je veux! *Contre nous de la Hollandie, l'étendard sanglant élevé!* Tu sais, si j'avais dû penser aux critiques avant d'agir, je n'aurais jamais rien fait. *Osons! Osons! Entendez-vous dans nos campagnes mugir la révolte fiscale?* Et puis ça lui apprendra à ne pas m'avoir prise comme ministre. Priver la France d'un tel talent, c'est une honte! *Aux armes, citoyens!*

— Maman, calme-toi!

— Non, mais, franchement, tu as vu cette équipe de bras cassés? Et ton père avec cette Leonarda, il s'est juste ridiculisé. C'est l'autre qui lui a conseillé ça! Avec moi à ses côtés, jamais il n'aurait commis une telle erreur!

— Maman, s'il te plaît…

— Ceux qui croient en avoir fini avec Ségolène se sont réjouis trop vite. Tel le phénix, je renais toujours de mes cendres. Ségolène meurt mais ne se rend pas! Liberté, j'écris ton nom! De l'audace, toujours de l'audace!

*(3 novembre 2013)*

# Bruits de couloir

*Au gouvernement, les tensions montent entre les ministres, attisées par un président qui cultive son ambiguïté et un Premier ministre qui peine a affirmer son autorité. Une déclaration de Manuel Valls sur les Roms met le feu aux poudres.*

**À la machine à café :**

— Il y a une drôle d'ambiance dans la boîte en ce moment, tout le monde se tire dans les pattes.

— C'est la faute de M. Ayrault, le directeur, il est trop gentil, il ne sait pas se faire respecter. Du coup, il y a des employés qui se croient vraiment tout permis. Regardez Mme Duflot, du service logement, elle a critiqué M. Valls, le responsable de la sécurité, devant tout le monde.

— Si elle n'est pas d'accord avec sa manière de faire, elle a bien le droit de le dire.

— Pas en public, ils font partie de la même entreprise !

— De toute façon, Mme Duflot, elle a tous les droits. Vous vous souvenez de Mme Batho, qui travaillait au développement durable ? Elle avait critiqué le bilan comptable prévisionnel : hop, licenciée sans préavis en vingt-quatre heures. Alors que cette Mme Duflot, elle râle tout le temps et personne lui dit jamais rien. En plus, elle n'est pas très performante dans son job. Il paraît que les orientations qu'elle a prises pour le logement, ça décourage les investisseurs.

— Si elle n'est pas contente, elle n'a qu'à démissionner, au lieu de foutre une mauvaise ambiance.

— Tu parles ! Elle a un bon salaire, un chauffeur, des responsabilités... Elle partira jamais d'elle-même. Avec ses compétences et la crise qu'il y a, c'est pas demain qu'elle retrouvera un boulot pareil.

**À la cantine :**

— Tout ça, c'est la faute de M. Valls. Il m'agace, toujours à vouloir se mettre en avant, à se faire remarquer... On dirait qu'il la joue individuel et pas collectif. Il ne s'entend pas non plus avec Mme Taubira, du service juridique.

— Dans la boîte, il y a beaucoup de gens qui l'aiment pas : M. Hamon, M. Montebourg...

— Ils sont jaloux. M. Valls, c'est un leader. Il est très ambitieux et il s'en cache pas, il rêve de remplacer M. Ayrault, et même un jour de prendre la place du grand patron.

— Justement, qu'est-ce qu'il en pense de tout ça, le grand patron ?

— M. Hollande ? Pff... Vous savez bien que personne ne sait jamais ce qu'il pense vraiment. On m'a dit qu'il soutenait M. Valls, mais qu'il ne voulait pas le dire. Il est furieux de toute cette histoire, il trouve que c'est très mauvais pour l'image de marque de l'entreprise, il a même demandé au directeur de prendre des sanctions.

— Et alors ? Qu'est-ce qu'ils ont décidé de faire ?

— Comme d'habitude, rien.

**Pause cigarette sur le trottoir :**

— Vous savez pourquoi ils ne sanctionnent pas Mme Duflot? Elle est protégée par les actionnaires de la société Lesverts.

— La société Lesverts? Je croyais qu'ils étaient en perte de vitesse.

— Ce sont des actionnaires minoritaires, ils n'ont que 2 % des parts, mais ils ont passé un accord avec le patron pour remporter un marché important au mois de mars.

— Vous vous rendez compte? À cause de toute cette histoire, on n'a plus le droit de s'exprimer publiquement sans demander une autorisation préalable au directeur.

— Ils nous mettent sous tutelle comme des gamins.

— Je ne sais pas ce que vont penser nos clients de tout ce cirque.

— On le saura au mois de mars.

— J'ai comme un mauvais pressentiment.

*(6 octobre 2013)*

## Menu hollandais

*Hors-d'œuvre de promesses variées*
*et sa flambée d'espoirs.*

*

*Fricassée de renoncements*
*accompagnée de sa poêlée de déceptions.*

*

*Mimolette de Hollande*
*et sa salade de plaisanteries fines.*

*

*Farandole de résignation*
*arrosée de son coulis de colère et sa boule d'amertume.*

*

*Addition salée*

## François et Marianne, neuf mois après...

Mon François,

Ça fait déjà neuf mois qu'on est ensemble, toi et moi : Marianne et François, ça sonne bien, non ? Je me souviens du 6 mai, quand notre histoire a démarré, tu avais l'air heureux. Et le 15 mai, notre première sortie en public, tu t'en souviens ? Il pleuvait tellement que tes yeux disparaissaient derrière les verres de tes lunettes mouillées. Tu n'as pas voulu prendre de parapluie, sans doute pour m'impressionner. Je t'ai admiré, le costume trempé, stoïque et imperturbable sous la pluie. C'est ça qui m'impressionne le plus chez toi, finalement, ta capacité à encaisser les coups, comme la fois où tu avais reçu de la farine et que tu n'avais pas bougé.

Au début de notre histoire, j'étais un peu sceptique, je t'ai choisi par défaut. Je n'en pouvais plus de mon ex Nicolas, de ses emportements, de ses excès, de son énergie tourbillonnante. Un temps, c'est vrai, j'ai été attirée par Dominique, mais il m'a tellement déçue avec ses pulsions qu'il était incapable de maîtriser.

Tu ne m'as pas promis grand-chose, François, et je dois dire que tu as tenu tes promesses.

On n'a pas vraiment eu de lune de miel, tous les deux, pas de passion aveugle qui vous transporte, pas de lumière qui fait briller les yeux. « Le changement, c'est maintenant », tu répétais pour me séduire.

Je peux te le dire, maintenant : je n'y ai jamais vraiment cru, et comme j'ai eu raison ! Quand parfois je te demande : « Alors, François, le changement c'est pour quand ? », tu soupires, agacé : « Patience ! Attends… ce n'est pas si simple, tu sais. »

Le seul qui ait changé depuis neuf mois, c'est toi. Notre histoire d'amour te réussit. Tu es plus sûr de toi, tes costumes sont mieux coupés, enfin, disons que c'est moins pire qu'avant. Aujourd'hui, ta cravate est droite… parfois.

Je me suis habituée à nous, à notre histoire raisonnable et sans surprise.

Pourtant… je ne sais pas comment te dire ça sans te faire de peine, mais je m'ennuie un peu avec toi.

Je n'attends pas de miracle, mais déjà je n'espère plus grand-chose. Avec toi, tout est paisible, même quand tu fais la guerre, c'est presque pacifiquement.

Avec mon ex Nicolas – excuse-moi, je sais que tu n'aimes pas que je te parle de lui –, c'était plus agité mais aussi plus passionné, passionnel et passionnant. Nicolas et moi, au début c'était un coup de foudre, il m'a fait vibrer avec ses grandes promesses. Ensuite, je l'ai détesté pour ne pas avoir fait ce qu'il m'avait raconté. Nicolas, on le sentait capable de tout et ça me faisait peur ; toi, on se demande si tu seras capable de quelque chose et ça m'inquiète.

Et puis j'ai du mal avec tes amis : ton copain Jean-Marc, dont tu ne veux pas te séparer et que je vais peut-être finir par apprécier à force ; ton ami Arnaud, qui parle beaucoup mais qui n'arrive à rien…

Tu sais ce qui me ferait plaisir pour la Saint-Valentin, François ? C'est si tu essayais d'aider tous nos amis qui sont au chômage. Le mariage pour tous, c'est bien, mais l'emploi pour tous, ça serait mieux.

Surprends-moi, François, étonne-moi, avance…

Ta Marianne.

*(10 février 2013)*

# Le flic, le marin et M. Hasard

*Avant-dernier de la primaire socialiste en 2011, Manuel Valls, devenu ministre de l'Intérieur, s'envole dans les sondages. En pleine vague de plans sociaux, Arnaud Montebourg, ministre du Redressement productif, pose à la une d'un magazine en marinière* made in *France.*

## Le point de vue de Manuel Vals :

Il paraît que les Français m'aiment bien, comme je les comprends ! Dès qu'un crime un peu spectaculaire se produit, je suis sur place. J'ai beaucoup à faire en ce moment, les délits ne connaissent pas la crise. Je suis à la fois discret et affairé, retenu et énergique. J'ai le front soucieux et la démarche rapide, je fais du Sarkozy allégé en agitation.

Hier, dans la rue, un homme m'a félicité : « Vous êtes formidable, je vote pour vous à la direction de l'UMP. » J'ai eu beau lui expliquer que j'étais de gauche, il n'a pas voulu me croire, il a fini par me dire : « En tout cas, si vous n'êtes pas à droite, c'est drôlement bien imité. »

Parfois, je me prends à rêver du jour où je serai nommé Premier ministre : « Moi Premier ministre, on saura enfin qui dirige ce gouvernement... Moi Premier ministre, je serai plus populaire que le président... Moi, Premier ministre, je pourrai ensuite viser plus haut... »

Je dois vous laisser, un crime odieux et inadmissible réclame de toute urgence ma présence sur les lieux. Tiens, pour une fois, ça n'est ni à Marseille ni en Corse ; dommage, à force d'y aller si souvent, je commence à m'attacher à ces deux régions.

**Le point de vue d'Arnaud Montebourg :**

Vous avez vu la photo de moi en marinière?

On ne parle que de ça depuis vendredi. Laurence Parisot a dit qu'elle me trouvait «sexy» et Roselyne Bachelot «craquantissime». Il y en a qui ont hurlé au ridicule, mais si le ridicule tuait, je serais mort depuis longtemps.

Audrey trouve que je ressemble à un mannequin senior de La Redoute habillé en Jean-Paul Gaultier. Hollande a dit que c'était bien si je n'allais pas plus loin. Qu'il se rassure, même si je suis prêt à tout pour aider l'industrie française, je ne compte pas poser en Lejaby avec des prothèses PIP.

J'ai tellement d'idées incroyables : cette semaine, j'ai proposé de rouvrir les mines de charbon.

Émile Zola, sors de ce corps ! Sinon, je réfléchis très sérieusement au retour de la calèche avec des chevaux ou à la relance du Minitel.

**Le point de vue de Jean-Marc Ayrault :**

Même la presse de gauche me massacre, ça s'appelle le Ayrault *bashing*, il paraît que je suis trop lisse. On attend quoi de moi exactement? Que je me fasse un piercing dans le nez, que je roule en décapotable rouge en fumant un pétard?

Cette semaine, j'ai enfin osé m'affirmer en clamant : «Je ne suis pas Premier ministre par hasard !»

Par hasard, je ne sais pas, mais plus pour longtemps, probablement.

*(21 octobre 2012)*

## Films à l'affiche

*François Hollande, dans:*

**À BOUT DE SOUFFLE**

★

*Claude Guéant, dans:*

**LE SEIGNEUR DES TABLEAUX**

★

*Jérôme Cahuzac, dans:*

**L'ARNACŒUR**

★

*Christine Boutin et Frigide Barjot, dans:*

**INTOUCHABLES**

★

*Jean-Marc Ayrault, dans:*

**L'HOMME INVISIBLE**

★

*Manuel Valls, dans:*

**LA CITÉ DE LA PEUR**

# À chacun sa rentrée

*Le premier été du nouveau président et de son Premier ministre est passé bien vite. Ils ont eu tant à faire pour s'habituer à leurs nouvelles fonctions que le reste a pris du retard.*

**Rentrée à Matignon :**

— Jean-Marc, il faut que tu encadres mieux les ministres.
— Oui, François.
— Et puis il faudrait surtout que tu t'affirmes plus.
— Oui, François.
— Regarde Arnaud et Manuel, ils occupent le terrain, on ne voit qu'eux, ils sont populaires, charismatiques, flamboyants… Toi, tu es trop effacé.
— Oui, François.
— Il faut que tu tapes du poing sur la table, que tu montes au créneau, que tu t'imposes dans les médias, tu as compris ?
— Oui, François.

**Rentrée littéraire :**

— Il y a un livre de révélations sur François, Valérie et Ségolène.
— Ah… et sinon ?

— Une enquête romancée sur Ségolène, Valérie et François.

— Bon et quoi d'autre ?

— Un ouvrage bien documenté sur Valérie, François et Ségolène.

— Ces éditeurs ont une imagination incroyable.

**Rentrée à l'Élysée :**

— « Le changement, ça n'est pas une somme d'annonces. » C'est beau, cette phrase, non ?

— Oui, monsieur le président, c'est beau, mais je ne sais pas si c'est très clair.

— Si ! Ça veut dire qu'on peut changer sans rien annoncer et qu'on peut faire des annonces sans rien changer. J'aurais aussi pu dire : « Avancer, ça n'est pas marcher en avant », « Reculer, ça n'est pas revenir en arrière » ou « Avoir l'air passif, ça n'est pas forcément rester inactif ». C'est clair, non ?

— Oui, monsieur le président.

— Bon, alors… Vous me conseillez quoi ?

— Je vous conseille d'agir vite, monsieur le président.

— Doucement, je dois d'abord évaluer la situation pour être sûr de prendre les bonnes mesures. Je ne veux pas me précipiter comme qui vous savez.

— Cela fait déjà cent jours, monsieur le président, que vous réfléchissez.

— Je refuse de me dépêcher, j'ai cinq ans devant moi.

— Quand un bateau commence à prendre l'eau, si on n'écope pas immédiatement, on risque de couler à pic.

*(2 septembre 2012)*

## Vingt et un jours de présidence

### 8 mai : cérémonies du souvenir

*Vu de gauche :* Sarko n'est pas si petit.

*Vu de droite :* Hollande n'est pas si grand.

*Vu du centre :* un bon président, ça ne se mesure pas à la taille mais à la hauteur.

### 13 mai : la passation de pouvoirs

*Vu de gauche :* François Hollande a résisté vaillamment aux éléments déchaînés.

*Vu de droite :* même le ciel pleure sa venue.

*Vu du centre :* s'il n'arrive pas à se protéger lui-même, comment pourra-t-il protéger la France ?

### 16 mai : nomination du gouvernement

*Vu de gauche :* la parité, la baisse des salaires des ministres, la sobriété… Les promesses tenues, c'est maintenant.

*Vu de droite :* « réussite éducative », « redressement productif » et pourquoi pas un ministère des Bons sentiments ?

*Vu du centre :* l'ouverture au centre, c'est pour quand ?

## 23 mai : conflits à l'UMP

*Vu de gauche:* l'UMPlosion, c'est maintenant, on se croirait au PS après Mitterrand.

*Vu de droite:* c'est juste une petite guerre des chefs, afin de désigner le meilleur chef de guerre.

*Vu du centre:* au MoDem, personne ne se bat pour être chef à la place de Bayrou.

## 25 mai : François Hollande chez Pujadas

*Vu de gauche:* simplicité, normalité, tranquillité, sérénité, on est comblé.

*Vu de droite:* et sinon, concrètement…?

*Vu du centre:* il a annoncé quoi?

## 26 mai : encadrement de la rémunération des grands patrons

*Vu de gauche:* enfin, un peu de justice sociale!

*Vu de droite:* appelle vite le conseiller fiscal!

*Vu du centre:* tant qu'ils ne touchent pas au quotient familial…

## 27 mai : départ de Laurence Ferrari de TF1

*Vu de gauche:* nous, on n'y est absolument pour rien.

*Vu de droite:* nous, non plus.

*Vu du centre:* mon œil…

## 28 mai : projet de récépissé pour les contrôles d'identité

*Vu de gauche:* ça fonctionne très bien depuis des années en Angleterre.

*Vu de droite:* Concrètement, ça se passe comment?

*Vu du centre:* on montre son récépissé, et là, le policier demande : « Vous auriez une pièce d'identité pour me prouver que ce récépissé est bien à vous ? »

### 1er juin : rencontre Poutine-Hollande

*Vu de gauche:* enfin quelqu'un qui ose tenir tête à cet autocrate !

*Vu de droite:* déjà qu'il est en froid avec Merkel, s'il se fâche avec Poutine, c'est quoi, la prochaine étape ? Se mettre à dos un milliard de Chinois ?

*Vu du centre:* défendre ses valeurs, ça n'a pas de prix même si ça coûte cher en contrats.

### 3 juin : J-7 avant les législatives

*Vu de gauche:* c'est pas gagné.

*Vu de droite:* c'est pas perdu.

*Vu du centre:* Bayrou est contre la cohabitation, mais si ça arrivait, il serait prêt à se sacrifier pour être Premier ministre.

*(3 juin 2012)*

## Discret, moi… ? Jamais !

*Le président a vite oublié le train censé symboliser la présidence normale et a effectué une visite surprise aux troupes françaises en Afghanistan. N'empêche, il faut se démarquer des excès de l'hyperprésident Sarkozy. Arnaud Montebourg saura-t-il se couler dans le moule de la modestie affichée ?*

Jean-Marc Ayrault toussota. Arnaud Montebourg se tenait devant lui, plus fringant que jamais. On avait beau dire, le ministre du Redressement productif avait quand même fière allure.

— Arnaud, je t'ai convoqué pour te dire que…

Jean-Marc Ayrault hésita. Il avait les conflits en horreur, mais voilà, François lui avait expressément demandé de recadrer Arnaud. Le président s'était même plaint : « On ne voit que Montebourg, on ne parle que de Montebourg ! Moi président, j'ai été en Afghanistan et il n'y en a eu que pour lui et son usine de sachets de thé ! » François aurait dû le savoir, depuis le temps, les voies des médias sont impénétrables. Se retirer d'Afghanistan, ça leur avait sans doute semblé moins excitant que de partir en guerre contre les délocalisations.

— Le président aimerait que tu te fasses plus discret…

— Discret, moi ? Jamais… Je ne suis pas un ministre carpette, je suis le premier des trente-quatre ministres, le dernier espoir des salariés en sursis.

Arnaud Montebourg était toujours content de lui, c'est ce qui faisait son charme. J'aurais dû le nommer «ministre de la Confiance en soi», songea Jean-Marc Ayrault.

— C'était quand même formidable mon déplacement à Gémenos, non? Je n'ai pas sauvé les emplois, mais j'ai obtenu que les différentes parties s'asseyent autour de la même table…

— Justement, François voudrait que tu fasses preuve de plus de sobriété dans tes déplacements.

— De plus de quoi?

— So-bri-é-té.

— De la sobriété? On ne redresse pas une entreprise avec sobriété! Il y a des centaines de plans sociaux en cours! Je vais recruter des dizaines de "redresseurs productifs" et les former pour m'assister dans cette guerre sans merci contre la mondialisation.

— Tout ça, c'est très bien, mais quand tu te rends dans une usine, François ne tient pas à ce que tu emmènes tous les médias.

— Mais c'est ma seule arme pour éviter les liquidations judiciaires, les hordes de caméras et de micros qui m'accompagnent! Ça met la pression sur les actionnaires. M6 aimerait d'ailleurs me suivre vingt-quatre heures sur vingt-quatre pour une émission qui s'intitulerait «Un sauvetage presque parfait», TF1 voudrait lancer «Entreprise Faillite Story», Moati préparer un documentaire sur moi…

— Ça n'est pas du spectacle, Arnaud, des milliers d'emplois sont en jeu.

— Sache que je vais me battre jusqu'à mon dernier souffle contre ces escrocs de la mondialisation intéressés uniquement par le profit!

Voilà qu'il parlait maintenant comme Mélenchon, Jean-Marc Ayrault l'interrompit:

— Si tu pouvais éviter de traiter les patrons d'escrocs ou de voyous…

Arnaud baissa la tête, comme un enfant pris en faute.

— Je ne le ferai plus promis… Qu'est-ce que tu m'as demandé déjà ?

— De la sobriété.

— Ah, oui… de la sobriété.

Arnaud soupira. C'était bien la peine de se fatiguer à devenir ministre pour se faire sermonner comme un petit garçon.

Son iPhone vibra, il retrouva soudain le sourire.

— Je suis invité au journal de 20 heures de TF1 et de France 2, à ton avis, je fais lequel en premier ?

*(27 mai 2012)*

# Normal ? Vous avez dit normal ?

*Le 6 mai, François Hollande est élu président de la République. En attendant sa prise de fonction, on s'interroge sur ce président anti-bling-bling, qui veut continuer à vivre dans le XVe arrondissement.*

**Dans les cuisines de l'Élysée :**

— C'est mardi qu'il arrive, le nouveau ?

— Il paraît que c'est tout le contraire de celui d'avant. L'autre faisait peur, lui, il ne fait pas rêver. L'autre aimait les riches, lui veut montrer qu'il pense aux pauvres, c'est pour ça qu'il ne souhaite pas habiter à l'Élysée.

— Quand tu penses à tous ces gens qui ne trouvent pas à se loger… On lui propose un logement magnifique, où il n'aurait même pas de loyer à payer et il en veut pas. Moi, je dis que c'est pas normal !

**Dans une rue du XVe :**

— Au moins, avec tous ces flics partout, on ne risque pas d'être cambriolés.

— Sous prétexte que M. Hollande veut mener une vie normale, on n'a plus aucune intimité…

— Faut le comprendre, il aime ce quartier, il y a ses petites habitudes, le boulanger…

— Et son slogan, « le changement, c'est maintenant », il en fait quoi ?

— Le changement, c'est pour les autres, lui, il ne veut rien modifier à ses habitudes.

**Le service de sécurité :**

— Monsieur le président, on va avoir du mal à sécuriser votre logement.

— Débrouillez-vous ! Je veux mener une vie normale.

— Je comprends bien le principe, monsieur le président, mais en pratique…

— Je suis le président, c'est moi qui décide !

— Par exemple, si vous voulez voyager en train, on doit impérativement poster des policiers sur chaque pont.

— Mais c'est inouï, ça !

— Et l'avion présidentiel doit survoler le train pour qu'on puisse vous ramener en cas de pépin…

— Ça n'est quand même pas normal qu'un président normal ne puisse pas prendre le train !

**En cours de philo, au lycée :**

— Je vous invite à disserter sur le thème suivant : « Un président peut-il être normal ? »

— Mais, monsieur, c'est pas au programme !

— Réfléchissez. Qu'est-ce que la norme ? Comment fixe-t-on de nouvelles normes ? Par l'exemple ou par la loi ? Est-ce qu'être normal, c'est être nécessairement banal ou ordinaire ? De Gaulle était-il un président anormal ou hors norme ?

— N'empêche, monsieur, ça, c'est pas normal comme sujet du bac !

*(13 mai 2012)*

# 8

# LE CRASH DE NEW YORK

# La grue et le taureau

*Hiver 2013. La juriste et essayiste Marcela Iacub raconte dans* Belle et Bête *sa relation avec un homme politique. Dans* Le Nouvel Observateur, *elle précise qu'il s'agit de Dominique Strauss-Kahn.*

Un taureau était chancelant,
Des banderilles partout dans le cuir plantées,
De toutes parts vilipendé,
Par ses amis abandonné.
La bête ressemblait à un buffle essoufflé.
On croyait qu'il allait s'effondrer,
Mais il parvenait pourtant
À rester debout, on ne sait trop comment.

Une grue, à peu près belle
Et soi-disant intellectuelle,
Défendit le taureau dans son journal,
Et cela fit grand scandale.
La grue sortit de l'anonymat
Et le taureau, pour la remercier, la rencontra.
On disait le taureau monté comme un cheval.
La grue tint à examiner elle-même l'animal.
La grue, qui s'ennuyait un peu dans la vie,
Au taureau blessé, s'offrit.

Le taureau, tout occupé à panser ses plaies,
Oublia de se méfier
De cette grue un peu fanée.
Comme souvent dans sa vie, il fonça,
Et comme souvent dans sa vie, il le regretta.
La grue lui faisait un effet bœuf,
Ils vécurent un amour vache,
La grue gémit, souffrit, palpita,
Le taureau, pourtant fatigué et blasé,
En oublia, un temps, tous ses tracas.
Quoi de mal à cela?

Là où l'affaire se corsa,
C'est qu'au bout de sept mois,
Quand la grue, du taureau, se sépara,
Après moult fracas,
Elle alla trouver un éditeur vautour
Et lui dit sans détour:
«J'ai une grande révélation.
Le taureau est un cochon,
J'ai raconté tout ce qu'il m'a fait,
J'ai tout noté, tout écrit, lisez!»
Le vautour, un peu gêné, hésita.
Si le taureau était un cochon,
La grue n'était-elle pas une truie
Pour se vanter ainsi
De tant de cochonneries?
Dans une autre vie,
Le taureau avait été son ami…
Puis il pensa à l'argent qui manquait,
Au bruit que cela ferait…
Il hésitait, mais s'il refusait, un autre le ferait,
Et, en baissant les yeux, il dit:
«D'accord, je vous publie.»

La grue, fière de son impudique récit,
Croyait être, de l'autofiction, un pur génie.
Des canards, par l'odeur du gain alléchés,
Se confondirent en compliments,
Trouvant soudain à la grue un incroyable talent.
Leur argument était le suivant :
Oser parler de sa chatte ainsi
Et relater toutes ces cochonneries
Était « un objet littéraire du plus haut intérêt ».
Ils proclamèrent que c'était « un éclat du réel »
Là où il n'y avait qu'odeur puante de poubelle.
Et puis, les canards le devinaient,
Les veaux dévoreraient
Comme des moutons
L'histoire de la grue et du cochon.

Le sperme et le sang
Sont les nouveaux aliments
Dont se repaissent les gens.
C'est ce qu'on appelle l'air du temps.
Dans cette course au buzz effrénée,
Il y a un mot que l'on semble avoir oublié,
Un mot d'une autre époque tant il semble suranné,
C'est le mot « dignité ».

*(24 février 2013)*

# Le paria de la place des Vosges

*Après le Sofitel de New York, le Carlton de Lille : Dominique Strauss-Kahn est inquiété par son implication dans l'organisation de soirées libertines avec un réseau de prostituées.*

L'homme marche tête baissée. Il se laisse pousser la barbe depuis quelque temps. Plus la peine de se raser de près. Il porte toujours ses costumes sur mesure, il y tient.

Ne pas être négligé, ne pas se laisser aller. Et puis il y a toujours quelques paparazzis qui traînent quand il sort de chez lui.

Parfois, il y a des féministes qui manifestent en scandant son nom. L'autre fois, c'étaient des Ukrainiennes. Il a fait mine de les ignorer. Il aurait bien jeté un coup d'œil pour voir s'il y en avait une de comestible, mais il n'ose plus trop regarder les femmes. Il a peur que ça soit mal interprété.

Même quand il achète du pain, il fait attention. L'autre fois, il a juste demandé « une baguette bien moulée » et la vendeuse, une jolie rousse, a ouvert de grands yeux effrayés. Tout juste si elle n'a pas appelé son avocat.

Dans le regard des gens, autrefois, il lisait de l'admiration. Il avait un statut, une fonction, un avenir. Maintenant, il a un passé brillant, un présent angoissant et un futur incertain. Longtemps, il a cru qu'il

DSK AVANT
DODO
DSK APRÈS
ALLO, ORANGE ? MA LIGNE FONCTIONNE BIEN ?!? PLUS PERSONNE M'APPELLE !
ALEX.

pourrait rebondir, ressusciter de ses cendres. Une interview à TF1, une couverture de *Paris Match*... Ses fidèles le répétaient: «On ne peut pas se priver d'un talent comme Dominique. Il faut laisser passer un peu de temps, il va revenir, les Français n'ont pas de mémoire.» C'est dans l'adversité qu'on voit ses vrais amis.

Il a un rictus un peu amer en pensant à cette phrase. L'adversité est là, les amis ont fui. L'adversité doit être trop forte ou les amis pas assez vrais. Ceux qui se gargarisaient en l'appelant par son prénom pour se vanter en public d'une proximité parfois fictive, ceux-là lui avaient tourné le dos.

Au début, tous avaient clamé en chœur: «Ça n'est pas le Dominique que nous connaissons.» Puis les amis avaient commencé à prendre leurs distances.

Quand il déambule place des Vosges, on le regarde avec un dégoût mêlé de pitié. Pis, parfois on l'ignore.

Il n'est pas le seul homme au monde à avoir été aux putes, quand même! Il aurait dû les payer lui-même, mais les autres insistaient tellement pour les lui offrir. «T'occupe..., ils disaient. Ça me fait plaisir.» Le champagne coulait à flots et il y avait ce sentiment d'impunité un peu grisant. Le frisson de la transgression, la quête égoïste d'un plaisir jamais assouvi.

C'est ça qu'il trouve le plus dur maintenant, être face à lui-même, et ce temps qui s'écoule tellement lentement. En six mois, il a pris dix ans. Plus d'agenda, plus de coups de fil.

Lui, l'homme aux sept portables, qui recevait des centaines d'e-mails par jour, lui, dont le BlackBerry clignotait en permanence, le dernier texto qu'il a reçu, c'était son opérateur qui lui proposait de changer de forfait.

L'homme qui aimait tellement jouer aux dames passe ses journées à jouer aux échecs pour ne pas devenir fou. Échec et mat.

Ses avocats ont dénoncé « un lynchage médiatique », mais au fond il sait bien que c'est lui qui a fabriqué la corde.

*(13 novembre 2011)*

# Justice sur un plateau télé

*Dominique Strauss-Kahn s'explique pour la première fois sur l'affaire du Sofitel, le dimanche 18 septembre 2011, au journal de 20 heures de TF1. Il confesse à Claire Chazal sa « faute morale ».*

Vous avez un problème avec la justice ? Vous êtes accusé à tort ? On vous calomnie ? Malgré votre innocence, vous êtes mis en examen par les médias ?

Venez au journal de 20 heures vous expliquer. Sur TF1, vous aurez le choix entre l'inspectrice Chazal et l'inspectrice Ferrari.

Les deux jolies inspectrices auront étudié à fond votre dossier et préparé des questions sur des petites fiches dans lesquelles elles plongeront régulièrement le nez.

Vous n'aurez à craindre ni violences physiques ni menaces. Avec leur brushing impeccable et leur joli minois, l'inspectrice Ferrari et l'inspectrice Chazal pratiquent avant tout le charme et l'empathie. Bien sûr, si vous esquivez une réponse, il pourra leur arriver de poser deux fois la même question, mais si elles vous sentent réticent, ne vous inquiétez pas, elles n'insisteront pas plus que de raison. C'est le problème des interrogatoires télévisés, il n'y a pas de temps pour le silence, la réflexion, la contradiction. Il faut éviter que les gens zappent.

L'avantage de venir s'expliquer à la télé, c'est qu'il n'y aura ni greffier qui prendra des notes, ni fuites dans les journaux. Vous serez filmé et des millions de gens pourront prendre connaissance en direct de votre témoignage.

Pensez à soigner votre apparence physique, car on ne fera pas qu'écouter ce que vous dites, on essaiera de percer ce que vous êtes.

Vous ne serez pas face à un seul juge, mais vous comparaîtrez devant des millions de jurés qui, après quelques minutes d'observation, délivreront un verdict sans appel.

Soyez sûr que les spectateurs derrière leur écran élaboreront des réflexions d'une rare intelligence :

— Pourquoi qu'elle s'est pas coiffée, Tristane Banon?

— Tu as vu comme Strauss-Kahn a fermé les yeux à la fin de l'interview, ça, ça montre qu'il souffre beaucoup.

— Hortefeux, il a eu « l'intuition » d'appeler son copain, mais il n'a pas eu l'intuition qu'il était sur écoute.

— Tristane est quand même beaucoup plus jolie que Nafissatou.

— Mais, au fait, il est ministre de quoi maintenant, Hortefeux?

— Redonne-moi des pâtes.

— Quand t'y réfléchis, c'est normal qu'il y ait des intermédiaires pour vendre des armes. On ne voit jamais d'annonces dans les journaux : « Vends sous-marin nucléaire, jamais servi. »

— C'est dommage qu'on puisse pas voter à la fin du JT : pour sauver Tristane, tapez 1 ; pour sauver Hortefeux, tapez 2.

— Qu'est-ce qu'il est mignon, Laurent Delahousse.

Takieddine demande qu'on lève le secret défense. Juppé explique qu'il rêve les yeux ouverts. L'ex-comptable de Bettencourt maintient ses déclarations sur les enveloppes. Le procureur Courroye est convoqué chez le juge. Le flic de Lyon est arrêté. Tout se mélange dans un gloubi-boulga indigeste.

Je suis comme Brice Hortefeux, j'ai comme «une intuition»: en ce moment, chaque jour des électeurs tombent dans l'escarcelle de Marine Le Pen.

*(2 octobre 2011)*

## Des amis sur qui on peut compter

*Le procureur Cyrus Vance Jr éprouvant des doutes sur la crédibilité de Nafissatou Diallo, le tribunal de New York lève le 1er juillet 2011 l'assignation à résidence et libère sur parole Dominique Strauss-Kahn, sans pour autant l'autoriser à rentrer en France.*

— Tu es au courant? Il paraît que Strauss-Kahn serait blanchi…

— Nooon?

— Si.

— Mais… c'est tellement incroyable. Tu es sûre?

— Oui.

— Mais alors, il va… il va… revenir?

— Peut-être…

— Il ne peut quand même pas se présenter après tout ce qui s'est passé?

— Tout est possible.

— Et moi qui ai pris parti pour Hollande avant-hier, c'est vraiment pas de chance.

— Je vais envoyer un texto à Anne pour dire que nous sommes soulagés, que nous avons toujours cru en l'innocence de Dominique.

— Tout de suite? Ça fait quand même plus d'un mois qu'on ne lui a pas donné de nouvelles.

— C'est parce qu'on la savait très occupée et qu'on ne voulait pas la déranger dans cette terrible épreuve. On pensait beaucoup à elle, mais on n'a pas osé lui dire.

— Il paraît qu'elle s'est plainte que plus personne ne l'appelait.

— Souviens-toi quand elle était à Paris il y a trois semaines et qu'elle nous a laissé un message, on ne l'a même pas rappelée.

— Il y a trois semaines, Anne, c'était la femme d'un violeur pestiféré, d'un homme qui avait détruit toutes ses chances d'accéder à la fonction suprême en se laissant gouverner par ses bas instincts. Maintenant, c'est l'épouse d'une victime injustement accusée, qui s'est battue courageusement pour faire reconnaître l'innocence de l'homme qu'elle aime.

— Ça n'est pas parce qu'il n'est pas reconnu coupable qu'il est totalement innocent.

— C'est comme nous, ce n'est pas parce qu'on n'a pas été des amis très présents qu'on a été totalement absents.

— Et il y a aussi les déclarations que tu as faites à la presse, mon chéri…

— Quelles déclarations? J'ai juste dit: «Il faut laisser la justice faire son travail, mais si les faits avérés sont exacts, c'est très, très grave.» C'était soft. Je n'ai fait que répéter ce que tout le monde disait.

— Tu as aussi rajouté: «Je suis abattu et consterné mais, au fond, pas vraiment étonné. Il aurait dû se faire soigner depuis longtemps.»

— À l'époque… enfin il y a un mois, tout le monde disait que c'était un dangereux pervers obsédé sexuel.

— Bon alors, qu'est-ce qu'on met sur le texto qu'on envoie à Anne? «Nous sommes heureux et soulagés. Nous avons toujours cru en son innocence. Embrasse Dominique pour nous», ou: «Bravo! Bientôt la fin de ce terrible cauchemar! Félicitations!»

— Félicitations ? Il n'a pas réussi le bac quand même.

— Peut-être qu'il faut qu'on mette quelque chose de plus profond : « La vérité finit toujours par triompher de la calomnie. Quand est-ce que vous venez dîner à la maison ? On vous attend boulevard Saint-Germain ou dans le Luberon. »

— On pourrait signer « Vos fidèles amis ».

— « Fidèles » ?

— En matière de fidélité, Dominique n'a de leçons à donner à personne.

— Tu sais quoi ? J'ai peur qu'il revienne et qu'il se venge de tous ceux qui lui ont manqué.

— Cette histoire, c'était *Le Bûcher des vanités*.

Maintenant, ça risque d'être *Le Comte de Monte-Cristo*.

*(3 juillet 2011)*

## New York Unité spéciale

*Le 14 mai 2011, Dominique Strauss-Kahn est arrêté à l'aéroport JFK. Il est accusé d'agression sexuelle sur une femme de chambre, Nafissatou Diallo. Le 20 mai, il quitte la prison de Rikers Island pour être assigné à résidence.*

Depuis une semaine, oubliés la Libye, Fukushima, Kate et William, une seule question occupe les esprits : « Vous y croyez ou pas, à cette histoire ? »

Notez qu'il n'est pas nécessaire d'avoir été témoin direct de l'événement pour avoir une opinion très arrêtée sur ce qui s'est passé dans la chambre 2806 du Sofitel.

— C'est un coup monté, m'explique un chauffeur de taxi, sûr et certain !

— Donc, c'est elle qui s'est jetée sur lui ? je demande.

— Évidemment ! C'est pas normal qu'elle soit entrée dans la chambre, alors qu'il était encore là.

— Et lui, il est innocent, alors ?

— Lui ? Il s'est laissé faire, c'est un homme. On est faibles, nous les hommes. (*Il me lance un coup d'œil un peu égrillard dans le rétroviseur.*)

— Mais pourquoi elle aurait fait ça ? je demande au représentant des machos réunis.

Il s'adresse à moi comme à une débile profonde :

— Elle a été payée.

— Mais qui l'a payée ? je demande.

— Ça… (*Il hausse les épaules.*) Il y en a qui disent que c'est les Russes, mais moi je pense (*il baisse la voix*) que ça serait un complot du FBI ou de la CIA pour le compte de Sarkozy.

Depuis une semaine, tout le monde parle sans savoir.

— Il a écrit dans sa lettre : « Ma femme que j'aime plus que tout. »

— Eh ben… qu'est-ce que ça serait s'il ne l'aimait pas ? remarque ma voisine. Quand je pense que je me plains de mon mari qui n'est pas toujours très vigoureux, finalement j'ai de la chance.

— Mais je comprends pas, maman, pourquoi sa femme elle s'en va pas ? me demande ma fille de huit ans, qui ignore encore tout des vicissitudes de la vie de couple.

— Il a de la chance d'avoir une femme aussi compréhensive, rêve un ami à voix haute, moi, ma copine, elle mettrait direct mes valises sur le palier. Ça, c'est vraiment de l'amour.

Lundi, l'ex-favori des sondages ressemblait à un SDF hagard et mal rasé.

Jeudi, l'homme semblait, par moments, presque désinvolte.

— Pourquoi il a l'air content comme ça ? me demande ma belle-mère, qui se prend soudain pour une enquêtrice des *Experts*. Et pourquoi, on ne nous communique pas le résultat des expertises ADN, d'abord ?

Les reporters sur place parlent sans savoir : « Il est parti… il semble qu'il soit arrivé… il va peut-être sortir… Ah, il semblerait qu'on ne l'ait pas vu sortir. »

Mon neveu hausse les épaules :

— Si on veut vraiment être au courant, il faut aller sur Internet.

— Moi, j'aimerais surtout qu'on nous donne des horaires précis, parce que ça change tout le temps. 12 h 28, c'est pas pareil que 13 heures, dit ma belle-mère.

— N'empêche, avec ce dont il est soupçonné, moi, j'aimerais pas être assigné à résidence avec ma femme vingt-quatre heures sur vingt-quatre. Si ça se trouve, il va peut-être demander à retourner en prison, remarque son mari.

Depuis une semaine, hypnotisé par cette émission de télé-réalité sordide, on zappe sans fin sur les chaînes d'info, comme ces gens qui ralentissent pour voir les accidents sur l'autoroute d'en face.

L'impression d'être, nous aussi, prisonniers d'un interminable feuilleton de *New York Unité spéciale* : l'homme blanc riche contre la pauvre femme de chambre noire. Soixante-seize ans de prison, et 75 % des femmes violées qui ne portent pas plainte.

Il est trop tôt pour en rire et déjà trop tard pour en pleurer, mais on ressent comme un immense dégoût et la terrible sensation d'avoir été floué.

*(22 mai 2011)*

# Désiré Strauss-Kahn

*Continuer à s'occuper des finances mondiales ou passer par la primaire socialiste pour briguer la présidence française ? Dominique Strauss-Kahn se pose des questions.*

Mes amis me pressent de me décider, mais j'hésite. Parfois, ça me réveille la nuit : *Candidate or not candidate?* Je suis tellement bilingue que même mes cauchemars sont en américain.

On dit que les Français commenceraient à se lasser d'attendre mon bon vouloir. Même si j'ai baissé de deux points dans les sondages, je reste le candidat le « mieux placé », comme le répètent les analystes politiques.

« Je ne veux pas répondre à cette question ; j'ai dit tout ce que j'ai à dire à ce propos. »

C'est ce que j'ai déclaré à un journaliste américain qui me demandait mes intentions. C'était une interview pour *Bloomberg Markets Magazine*, c'est vous dire le niveau auquel je me situe. Rue de Solferino, tout le monde semble oublier qu'à Washington j'essaie de sauver la finance mondiale et qu'il y a du boulot.

Le seul à apprécier la qualité de mon travail, c'est mon meilleur ennemi. À Davos, le président m'a félicité pour mon action à la tête du FMI et a signalé que, si je me représentais à ce poste, je serais réélu sans problème. Ce qui est bien, avec Nicolas, c'est qu'il ose tout. Les ficelles, même les plus grosses, ne lui font jamais peur. Il a aussi annoncé qu'il voulait sauver l'euro ; au dernier G20, il voulait sauver la planète, si ça continue il va marcher sur l'eau. Comme m'a dit un ami, « s'il pouvait juste se sauver ».

Au PS, cette semaine, ils ont épilogué des heures pour savoir si Martine Aubry avait dit : « La Ségolène est un petit peu impatiente » ou : « Là, Ségolène est un petit peu impatiente. » Quelle hauteur dans le débat d'idées ! Tout ça pour que Martine finisse par conclure : « Ségolène et moi, on a la même impatience. »

Moi, je suis très patient : séduire des électeurs, c'est comme conquérir une femme, il faut prendre son temps et surtout ne pas montrer qu'on est intéressé. François Hollande, qu'au PS on surnomme « Guimauve le Conquérant », a tellement envie d'être président que personne ne le désire.

Moi, je fais planer le mystère sur mes intentions. Je suis Greta Garbo et Mylène Farmer tout à la fois. Je suis Désiré Strauss-Kahn, le sauveur de la gauche caviar, le messie de la finance que tout le monde attend. En attendant mon retour sur la terre de France, mes apôtres Cambadélis et Moscovici répandent la bonne parole d'un air entendu.

Qu'on se rende compte du sacrifice que l'on attend de moi : je dirige la finance mondiale et l'on voudrait que je m'abaisse à participer à une élection régionale ? Je suis déjà fatigué à l'idée d'avoir à convaincre tous ces sceptiques qui refusent de croire que je suis vraiment de gauche.

Ce Judas de Mélenchon m'a encore attaqué méchamment en prétendant que je conduisais la gauche à sa perte. Il y en a qui voient en Mélenchon le Chevènement de 2012, moi je crois que Chonchon aboie fort, mord beaucoup mais qu'il fera plus de bruit que de mal.

De bons amis ont fait circuler sur le Net une vidéo de 2008, où Ben Ali me nomme « grand officier de l'ordre de la République » et me remet une immonde colombe en plâtre. Qu'attendait-on de moi ? Que je lui envoie sa statuette à la figure et que je refuse son accolade ? Ceux qui prétendent qu'il ne faut nouer des contacts qu'avec les vraies démocraties ne connaissent rien à la diplomatie.

On a jusqu'au 13 juillet pour se déclarer candidat aux primaires qui auront lieu en octobre. Ça va consister en quoi, la campagne des primaires ?

À faire la tournée des plages ? À suivre les étapes du Tour de France ? Ségolène en tongs, Hollande en short et Martine à la mer ?

Qu'on ne compte pas sur moi pour aller distribuer des tracts dans les campings ! J'ai une stature internationale, moi.

À propos de chômage, il paraît qu'en France il y aurait bien plus de gens sans travail que les quatre millions de chômeurs déclarés. On a beau me prendre pour le Messie, je sais bien que je ne vais pas pouvoir faire de miracles.

En fait, si j'hésite autant, ce n'est pas seulement par frilosité, c'est surtout par lucidité.

*(31 janvier 2011)*

# 9

# CAMPAGNE ÉLECTORALE

## Les sept commandements du candidat à la présidentielle

### 1. En janvier, tes vœux sans relâche partout tu présenteras

Aucune catégorie socioprofessionnelle, tu ne négligeras.
Même dans les entreprises en difficulté, tu iras.
Ne t'inquiète pas, en ce moment, il y a le choix.
Sur les photos avec les vraies gens,
Blouses blanches, ouvriers, enseignants,
Grave, concerné et confiant, tu poseras.

### 2. De trop parler aux journalistes, tu éviteras

Le journaliste n'est pas ton ami, même si tu lui tapes dans le dos,
Après deux ou trois bouteilles de bordeaux,
Même si tu connais le prénom de ses enfants,
Même si c'est toi qui paies la note au restaurant,
Ne l'oublie pas : il est le chasseur, tu es la proie.
Si ton « ami » journaliste peut t'abattre, il te tuera.

### 3. Pour te défendre, un pitt-bull tu emploieras

Celui de Sarko s'appelle Morano.
Dès que son maître est attaqué, vite, elle aboie des mots.

Ministre de l'Apprentissage qui n'a pas fini sa formation,
Mme Populaire sait, à merveille, faire diversion.
Mais quand, à son tour, elle fatiguera,
Aux oubliettes de l'Élysée, avec Rachida, elle finira.

### 4. Chaque jour, des idées nouvelles tu lanceras

Ça s'appelle garder l'initiative pour rester maître du débat.
TVA sociale, taxe sur les transactions financières, Jeanne d'Arc récupérée,
Qu'importe si tout n'est pas appliqué,
L'important, c'est que ça fasse parler.

### 5. Aux Français directement tu t'adresseras

Comme François Hollande, tu feras, au choix :
Un message téléphonique aux deux cent cinquante mille votants des primaires,
Ou dans *Libération* une adresse épistolaire.
À défaut d'avoir de grandes idées,
Tu tenteras de savoir, avec talent, les communiquer.

### 6. Ta personnalité unique tu défendras

Si on te dit énervé, tu expliqueras que tu es désormais calmé.
Si on critique ton accent, tu diras que c'est ce qui fait ta fierté.
Si on déplore ta mollesse, au journal télé, tu parleras de ta force de caractère,
Jurant à un Pujadas presque effrayé, être capable de te mettre en colère.

ON NE PEUT PAS BASER UNE CAMPAGNE SUR DES MENSONGES ...
... MAIS SUR DES PROMESSES QU'ON NE TIENDRA JAMAIS !
ALEX.

### 7. Et surtout, le climat détestable de polémiques stériles tu déploreras

Quand on les évoquera devant toi, agacé, tu soupireras :

« Un aspirant président doit se placer au-dessus de la mêlée.

Vous croyez vraiment que toutes ces histoires intéressent les Français ? »

Puis, quand les journalistes seront partis, tu demanderas :

« Alors, le dernier sondage… il dit quoi ? »

*(8 janvier 2012)*

## Menu de la capitale

*Duo de poulettes parisiennes.*

*Petit farci de Beigbeder*
*et sa sauce piquante.*

*Pintade de Longjumeau rissolée à l'intelligence*
*et sa croûte de snobisme .*

*Omelette Hidalgo et son croustillant de circulation*
*ralentie à la sauce Bertrand.*

*Café d'incertitude et ses mignardises capitales.*

## Cocktails politiques

*À la fin d'une campagne électorale, on ne sait plus bien qui a dit quoi. Les positions des uns et des autres sont passées au mixeur médiatique et les déclarations se mélangent dans la tête des électeurs.*

Le serveur est arrivé, avec cette chaleur, j'avais très soif. On avait beau savoir qu'on n'était que fin mars, on se sentait déjà comme en plein été.

Les femmes avaient sorti leurs petites robes, même si les teints étaient encore blafards de l'hiver. Les terrasses étaient peuplées de Parisiens qui prenaient le soleil d'un air béat, indifférents aux klaxons des voitures et à la pollution qui avait encore monté d'un cran. Quand on y pense, la température a quand même un impact incroyable sur l'humeur des gens. Il y avait une gaieté apparente mais, au fond, l'atmosphère était lourde, comme dans l'attente d'un événement important.

Le serveur m'a tendu la carte des cocktails.

— Je ne sais vraiment pas lequel choisir, j'ai soupiré.

— Vous voulez que je vous explique ? il a proposé. Voyez, ce qui plaît beaucoup en ce moment, c'est le **Mélenchon on the Rocks**. C'est une recette originale qui marche très bien. Les gens croient que c'est nouveau mais, en fait, c'est fait uniquement avec de vieux ingrédients : une pincée de Marchais, une larme de de

Gaulle, un zeste de Malraux, une goutte de Chávez, et même un doigt de Robespierre. On secoue fort et on sert glacé. Mais, attention, c'est un cocktail épicé qui peut irriter les estomacs délicats.

— Et le SarkoBis, c'est la même chose que le SarkoOne?

— Disons que le **SarkoBis**, c'est le SarkoOne revisité. La version 2012 est soi-disant plus mûre et moins frappée. Bien que ça soit un grand classique qu'on a l'impression de connaître par cœur, il est toujours plein de surprises.

— En fait, j'hésite entre le SarkoBis et le Rose Hollande.

— Le **Rose Hollande**, c'est un cocktail corrézien composé de pur jus de Mitterrand et d'un soupçon de Chirac. Comme son nom l'indique, c'est une boisson rose, enfin rose très clair, et servie tiède.

— On m'a dit que c'était inodore et sans saveur.

— Si vous préférez un alcool fort, j'ai le **Bloody Marine**. C'est une recette ancestrale transmise de père en fille. C'est un alcool blanc qui noie toutes les nuances. Ça a l'air *light* et pétillant en apparence, mais c'est vraiment impossible à digérer.

— Et si je prenais juste une tisane?

— Si vous voulez une tisane, je vous conseille le **Bayrou**. J'ai du Bayrou-tilleul, du Bayrou-camomille, du Bayrou-verveine... C'est très apaisant, ça calme, c'est rassurant, mais ce n'est pas ça qui vous donnera un coup de fouet. Tout dépend de ce que vous recherchez. Sinon, j'ai du **Dry Eva**, une liqueur norvégienne verte qui se sert très fraîche. Les gens trouvent ça un peu trop âpre au goût et s'en détournent. Pourtant, c'est un produit authentique. Alors, vous prenez quoi?

— J'hésite encore... Il me reste trois semaines pour choisir, non?

Puisque je n'arrive pas à me décider, je vais peut-être m'abstenir.

— Ne faites surtout pas ça ! Si vous vous abstenez, d'autres passeront la commande à votre place et vous serez obligée de boire pendant cinq ans un cocktail qui vous semblera imbuvable.

*(1er avril 2012)*

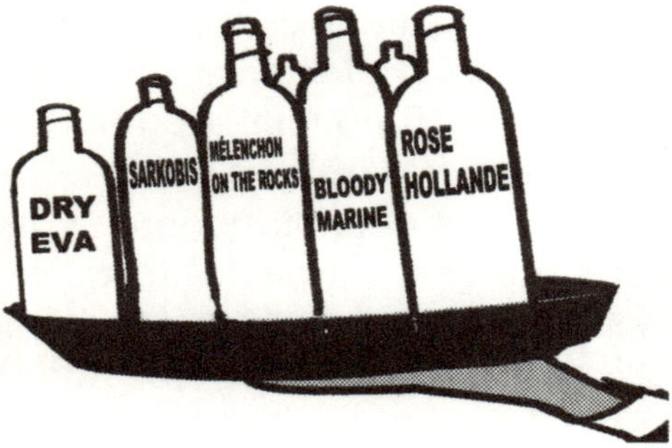

## La chasse à l'exilé fiscal

*Pour contrer les 75 % de François Hollande, Nicolas Sarkozy propose de créer « un impôt lié à la nationalité », s'attaquant, lui aussi, à ceux qui pratiquent l'exil fiscal.*

**À l'UMP, lundi :**

— Je vais le prendre de court, le Hollande : ce soir, j'annonce que je pars à la chasse à l'exilé fiscal.

— Mais vous risquez de faire peur aux riches, monsieur le président !

— Je m'en fous, je suis le candidat du peuple maintenant ! Vous croyez que, dans ce pays, il y a plus de riches que de pauvres ? C'est fini le Fouquet's, le yacht, la Rolex. Maintenant, c'est McDo, canot pneumatique et Swatch.

— Et Johnny ?

— Johnny, je ne lui parle plus depuis qu'il a dîné avec Hollande.

**Au PS, mardi :**

— Dire qu'on avait envisagé d'annoncer cette mesure et qu'il nous a doublés ! Ce type est incroyable : normalement, il prend des idées à Marine Le Pen et là, il se prend pour Mélenchon…

— En tout cas, il nous prend de vitesse et il prend un point dans les sondages.

**En Belgique, chez des exilés fiscaux, mercredi :**

— Mon Dieu, chéri, nous sommes des exilés ou des expatriés ?

— Nous sommes des exilés, mais, d'après le conseiller fiscal, si on se remet à travailler, on peut faire croire qu'on est des expatriés.

— Quoi ?! Nous remettre à travailler ? J'en fais tomber mon toast dans mon Nespresso. Tu disais que si on partait vivre en Belgique, on serait rentiers.

— Je ne pouvais pas deviner que Sarko se prendrait pour Lénine.

— Tu ne veux quand même pas que je renonce au tennis, au golf et au shopping pour travailler ?

— C'est la seule solution pour que nous, les méchants exilés fiscaux, soyons considérés comme des gentils expatriés.

— Sarkozy, les riches exilés français de Bruxelles ne te disent pas merci !

**À l'UMP, mercredi :**

— Monsieur le président, on a des coups de fils affolés de Français de l'étranger qui veulent savoir s'ils sont exilés ou expatriés.

— C'est pourtant clair : « Tout exilé fiscal qui est parti à l'étranger dans le seul but d'échapper à l'impôt français devra déclarer à l'administration française ce qu'il a payé comme impôt à l'étranger. »

— Il y a deux millions et demi de Français qui vivent à l'étranger. On risque de perdre des voix…

— Envoyez un mail aux expatriés pour les rassurer. Tiens, demandez à NKM d'enregistrer une vidéo, ça va l'occuper. J'en ai assez qu'elle me suive partout où je vais. Avec Morano, au moins je rigolais.

**À Bruxelles, chez des exilés fiscaux, vendredi :**

— On a reçu un mail de Sarkozy.

— Mon Dieu ! Ils nous ont déjà retrouvés…

— Non, c'est une vidéo de la grande rousse qui nous dit de pas s'inquiéter.

— Et Hollande qui vient d'annoncer qu'il chasserait les riches de Suisse, de Belgique et du Luxembourg… Il faut qu'on émigre aux États-Unis.

— À quoi ça sert d'être riches si on devient des RSPF [riches sans pays fixe] ?

— Quand même, ils n'ont rien d'autre à faire en ce moment en France que de s'attaquer à nous ?

Il paraît qu'il y a presque trois millions de chômeurs. Au lieu d'embêter les riches, ils feraient bien de s'occuper un peu des pauvres !

*(18 mars 2012)*

## Une semaine de campagne

*Avant d'aller passer une journée entière au Salon de l'agriculture, François Hollande surprend son monde avec sa taxe à 75 % pour les revenus au-dessus d'un million d'euros. Après une visite chahutée au Pays basque, Nicolas Sarkozy accuse le PS d'« échauffer les esprits de la base ».*

### Lundi, à l'UMP :

Bon, le Salon de l'agriculture, c'est fait… C'est soi-disant un passage obligé, mais je me demande si ça sert vraiment à quelque chose. Avant, quand les réseaux sociaux n'existaient pas, du temps de Jacques Chirac, une élection se gagnait au Salon de l'agriculture. Tu sais que là-bas ils parlent encore de Jacques. Qui d'autre que lui peut s'engouffrer avec enthousiasme charcuteries, vin rosé, fromages régionaux et jambon de pays ? Puis noyer le tout avec un peu de bière… Il paraît que Hollande va rester dix heures au salon : lui, plus ça va, plus il ressemble à Chirac.

Remarque, à force d'imiter Chirac et de copier Mitterrand, il va peut-être finir par devenir président.

### Mardi, au PS :

C'est quoi, cette proposition de François sur TF1 de taxer les hauts revenus à 75 % ? Il aurait pu nous en parler, quand même ! Et Jérôme Cahuzac qui n'était même pas au courant sur France 2, on a eu l'air fin !

Tu as vu les sondages ? Sarkozy remonte un peu mais, au deuxième tour, on est loin devant. T'aimerais quel ministère, toi ?

**Mercredi, au FN :**

On n'a vraiment pas de chance. Au moment où Marine lance une offensive médiatique de charme, Montebourg et sa dame sont attaqués par des hooligans bourrés, racistes et antisémites. C'est quand même pas de notre faute s'ils ont crié : « Le Pen présidente ! » Elle a bien réagi, la patronne, elle a dit : « Évidemment, je condamne cette agression, pour qui me prenez-vous ? » Elle fait très bien l'innocente offusquée, c'est ça, la différence avec son père. Jean-Marie était fort pour se scandaliser, mais il n'avait jamais l'air innocent. Alors, ça en est où, les signatures ? Oh là là là là…

**Jeudi au PS :**

Bonne nouvelle : les Français sont favorables à sa proposition de taxer les très hauts revenus. Il n'y a que dans les clubs de foot qu'ils gueulent un peu, mais ça leur passera.

Ça y est, Hollande imite Sarko : il a enfin appris à créer des happenings dans sa campagne.

**Vendredi, à l'UMP :**

Quand je pense que le président a été à Bayonne pour faire plaisir à MAM ! Elle avait dit : « Je m'occupe de tout », elle, c'est vraiment Calamity MAM.

Dans la ferme où elle a amené le président, des agriculteurs se sont plaints de ne pas faire trente-cinq heures et lui, il n'a rien trouvé de mieux à répondre que : « Moi, je n'ai pas quarante hectares. »

Et puis ce guet-apens dans les rues de Bayonne, je me demande si ce n'est pas MAM qui a organisé ça pour se venger de ne plus être ministre. Heureusement, cet après-midi, il va accueillir les otages libérés à l'aéroport. S'ils font l'ouverture du journal télé avec ça, il peut gagner encore un point.

**Samedi, au PS :**

Je récapitule : Peillon à l'Éducation, Martine à la Culture, Cahuzac aux Finances, Valls à l'Intérieur… Jack Lang a encore appelé, ça va être dur de faire plaisir à tout le monde. D'après les sondeurs, ça ne sera pas un vote d'adhésion pour François mais un vote sanction contre Nicolas. N'oublions quand même pas cet adage : « Il ne faut jamais vendre la peau de l'électeur avant qu'il ait voté. »

*(4 mars 2012)*

# Mon sommet de la gauche imaginaire

*Et si la gauche plurielle se divisait comme en 2002 et privait François Hollande de son succès attendu ? Les dirigeants socialistes font de drôles de calculs pour éviter que s'enclenche la « machine à perdre ».*

Tout était parti d'une boutade à la fin d'un repas. Pierre Moscovici avait gloussé :

— Christine Boutin qui se retire, Hervé Morin qui se désiste… Entre la boulette et le boulet, tu parles d'un soutien.

Mais le regard de François Hollande s'était assombri, il avait pris sa tête de « président sérieux et concerné conscient de la gravité de la situation ».

— 1 % plus un 1 %, ça fait 2 %. Chaque voix va compter. Notre Christine Boutin à nous, c'est Nathalie Arthaud, notre Hervé Morin c'est Philippe Poutou et notre Dominique de Villepin, c'est… Eva Joly.

C'est là qu'avait germé l'idée de cette réunion. Ça n'avait pas été évident de les faire venir tous les trois : Philippe Poutou, Nathalie Arthaud et Eva Joly. La rencontre avait eu lieu dans l'arrière-salle d'un restaurant de quartier du XXe arrondissement, où Nathalie Arthaud avait ses habitudes. Eva Joly avait refusé de venir rue de Solferino à cause de la presse. Elle avait ôté ses fameuses lunettes rouges et en mordillait une des branches machinalement.

Elle regardait François Hollande droit dans les yeux, un peu fixement, comme au temps où elle était juge d'instruction. Nathalie Arthaud gardait le visage fermé; elle a tout copié sur Arlette Laguiller sauf la sympathie, pensa François Hollande. Il prit la parole:

— Même si on n'est pas d'accord sur tout, on a un ennemi commun, non?

Les trois acquiescèrent en silence.

— Les intentions de vote pour Marine Le Pen sont minorées et Mélenchon n'arrête pas de monter.

Eva Joly s'impatienta soudain:

— En quoi ça nous concerne?

Elle s'exprimait presque sans accent maintenant. On murmurait qu'elle s'était décidée à aller voir un orthophoniste.

— Évidemment, cette conversation n'a jamais eu lieu, dit Hollande à Joly, Arthaud et Poutou.

François Hollande poursuivit:

— Sarkozy est un président lamentable, mais un candidat redoutable.

Nathalie Arthaud s'exclama:

— Le candidat du peuple, quand même… il ose tout!

François Hollande secoua la tête:

— En attendant, il remonte dans les sondages. C'est pour ça que…

François Hollande prit une profonde inspiration: «Je pense que ça serait plus prudent que vous vous retiriez en ma faveur.»

Philippe Poutou soupira:

— Moi, de toute façon, je n'ai que quatre cent trente-huit signatures.

— Je ne vais pas me retirer en faveur de quelqu'un qui a dit que les communistes n'existaient pas!

Nathalie Arthaud avait la voix qui tremblait de colère.

— Je n'ai pas exactement dit ça, objecta François Hollande. J'ai dit : « Il n'y a pas de communistes en France, enfin pas tellement », le *Guardian* a fait un rectificatif.

— Me désister en votre faveur ? Mais je ne m'appelle pas Christine Boudin ! s'offusqua Eva Joly.

Dès qu'elle s'énervait, l'accent revenait.

— Allez demander ça à Mélenchon, lança Philippe Poutou, soudain un peu agressif. Vous savez bien qu'il n'y a pas moyen de discuter avec lui. Depuis que ses meetings sont pleins à craquer, il ne se sent plus.

Nathalie Arthaud remarqua :

— Si je me retirais, ça serait en faveur de Mélenchon, pas de vous.

— Évidemment, répondit François Hollande.

Et évidemment, cette conversation n'a jamais eu lieu.

Là, pour une fois, les trois furent d'accord pour répondre :

— Évidemment.

*(19 février 2012)*

# Presqu'idées pour presque candidat

*Nicolas Sarkozy imaginait profiter le plus longtemps possible de son statut de «président candidat subliminal». Les mauvais sondages l'obligent à accélérer le mouvement.*

**Réunion des conseillers du président, 3 février :**

— Il faut trouver une idée forte pour lancer la campagne. Il faut absolument recréer un fort clivage gauche-droite.

Là, les conseillers ont baissé la tête, à court d'idées, et un jeune énarque a proposé :

— Je sais ! La civilisation. Quelqu'un dirait qu'il y a des civilisations supérieures à d'autres. On ne citerait pas la civilisation musulmane, mais tout le monde comprendrait que c'est de ça qu'il s'agit. On pourrait faire dire ça à Guéant, il est bien pour ce genre de trucs. Après, ça créerait toute une polémique et ça permettrait d'éviter de parler du bilan. Alors, Guéant prendrait son air innocent, comme il sait si bien le faire, pour signifier qu'il ne voit pas où est le problème.

**Réunion des conseillers du président, 6 février :**

— Ça nous a un peu dépassés, cette polémique de civilisations. Moi, je crois qu'il faut insister sur sa dimension internationale, sur son côté «président courage de l'économie». Dans l'interview croisée avec Angela Merkel, il faudrait qu'elle dise qu'elle le soutient « sur tous les plans », lui, il lui dira son « admiration ». Pendant cette interview, il faut surtout qu'il apparaisse calme et pondéré.

— Et les civilisations, il en parle ou pas?

— Non, il faudra juste qu'il prenne un air agacé pour dire que c'est une polémique ridicule. Il doit montrer qu'il est bien au-dessus de tout ça.

**Réunion avec le président, 8 février :**

— Bande d'incapables ! (En dehors des interviews télévisées, le président n'est pas toujours calme et pondéré.) Trouvez-moi des idées ! J'en ai marre de voir le Corrézien grimper dans les sondages.

Là, c'est Patrick Buisson qui a pris la parole :

— D'après nos études, le seul espoir que vous ayez d'être élu, c'est de prendre des voix au Front national. Seulement, pour attirer ces électeurs âgés et populaires, il faut que vous soyez vraiment très à droite, mais très, très à droite.

— C'est-à-dire ? Vous voulez encore que j'en repasse une couche sur l'immigration et l'insécurité ?

— Non, ça vous l'avez déjà fait. Non, nous avons pensé à la thématique du « chômeur assisté profiteur qui fait exprès d'être au chômage ».

— C'est un peu exagéré, quand même.

— Oui, mais d'après nos études, monsieur le président, ce thème plaît beaucoup aux classes populaires. Vous pourriez proposer un référendum : les chômeurs seraient obligés de suivre une formation et d'accepter le premier boulot qu'on leur propose, sinon ils seraient radiés.

— Un référendum, mais je n'ai jamais parlé de référendum avant.

— Justement le référendum, c'est le nouveau Sarko 2012.

— Et avec ça, vous pensez que je vais récupérer des voix ?

— Sûr et certain, monsieur le président.

— Bon, quoi d'autre ?

— On a pensé à un référendum sur l'immigration, au refus du mariage gay.

— Mais moi je suis pour le mariage gay, en plus Carla y tient beaucoup.

— Oui, mais les électeurs d'extrême droite sont contre, les sondages sont formels.

— La chasse aux voix est ouverte. À l'attaque !

*(12 février 2012)*

## Menu du Salon de l'agriculture

*Mise en bouche aux paroles réconfortantes.*

*Brochette de visites politiques*
*et son assortiment de grosses légumes.*

*Gâteau folklorique traditionnel*
*et sa mousseline de promesses légères.*

*Liqueur d'autosatisfaction.*

## La politique expliquée à Eva

*L'ancienne juge d'instruction Eva Joly a battu Nicolas Hulot dans la primaire des Verts, mais elle est depuis attaquée de toutes parts, à commencer par ses propres amis écologistes.*

Chère Eva,

Laissez-moi vous expliquer les mœurs politiciennes parisiennes.

Être juge et faire de la politique, c'est très différent. Une fois qu'il a rendu sa décision, le juge ne change jamais d'avis. **En politique, on a le droit et même le devoir de changer d'idées.** On peut dire blanc un jour, noir le lendemain et prétendre ensuite qu'on avait pensé gris.

Voyez François Hollande qui est passé en une semaine de « on ferme vingt-quatre réacteurs » à « on ferme deux réacteurs en cinq ans » et enfin à « on va investir dans le nucléaire ».

**En politique, il n'y a pas de mensonges mais des vérités successives.** Ce ne sont pas les hommes politiques qui changent d'avis, ce sont les circonstances qui évoluent. L'important est de savoir se justifier avec brio. Pour cela, mieux vaut une formation d'avocat que de juge. Notre président actuel est un excellent avocat. Quant à François Hollande, il aurait fait un formidable greffier, très doué pour remettre à plus tard la prise de décision.

NE NOUS ARRÊTONS PAS À L'ACCENT D'EVA JOLY
MAIS À LA VOIX DE CRÉCELLE DE CÉCILE DUFLOT !
ALEX.

**Les médias parisiens adorent brûler ceux qu'ils ont adorés.** Au début, ils ont aimé votre côté « je me lave au savon de Marseille », votre look de prof d'histoire-géo des années 1970 et votre délicieux accent scandinave. Contre toute attente, vous aviez vaincu Nicolas Hulot, le chouchou des sondages, et cela les amusait beaucoup. Aujourd'hui, les mêmes vous suggèrent de jeter l'éponge. Ne vous en étonnez pas, à Paris, beaucoup de journalistes sont des girouettes qui soufflent dans le sens du vent.

**En politique, les femmes sont encore et toujours jugées sur leur apparence.** Pourquoi vous obstinez-vous à porter vos lunettes rouges sur le bout du nez ? Cela vous fait ressembler à une principale de collège surprise en plein conseil de classe. Notez que je suis mal placée pour vous donner des conseils capillaires, ayant moi-même un physique assez approximatif mais sachez que plus personne ne fait de permanente depuis les années 1980.

**Vos meilleurs amis sont vos pires ennemis.** Quand Cécile Duflot vous propose d'aller nager à la piscine une fois par semaine, méfiez-vous. Elle a peut-être prévu de vous noyer dans le petit bain ou de verser un virus dans l'eau javellisée. Si Cécile Duflot vous voit couler à pic, et qu'elle vous lance une bouée avec un grand sourire, méfiez-vous, la bouée pourrait bien être pleine de béton pour vous assommer.

**Quand un collaborateur masculin démissionne de sa fonction auprès d'une femme politique, c'est la femme qui est jugée incompétente.** En revanche, vous noterez que quand une collaboratrice féminine quitte un homme politique, on murmure avec un sourire entendu et un œil égrillard : « Elle n'avait pas les épaules. »

Bref, Eva, il est grand temps que vous appreniez à parler le langage politicien couramment, sinon, entre votre langue que vous avez qualifié de «rugueuse», la «langue bien pendue» de Cécile Duflot et la «langue de bois» de Placé, vos électeurs pourraient bien avoir envie de donner leur langue au chat.

*(27 novembre 2011)*

# La tête de l'emploi

*Le 15 septembre 2011, les six candidats à la primaire socialiste ont participé à leur premier débat sur France 2. Sans Dominique Strauss-Kahn, rentré en France le 4 septembre après un abandon des charges devant le tribunal pénal de New York.*

On passe sa vie à chercher à faire bonne impression.

Prenez les entretiens d'embauche : on a quelques instants pour convaincre, alors on a la bouche sèche, le cœur qui bat vite, une boule dans le ventre et la tête vide tellement les idées se bousculent.

Ils étaient touchants dans leur désir de bien faire, les six candidats, pendant l'entretien d'embauche télévisé. C'est Mme Marianne, la PDG de France SARL au bord de la faillite, qui avait rédigé l'annonce :

■ Pour poste à grande responsabilité,

CHERCHE

candidat motivé, honnête, courageux, calme et énergique pour CDD de cinq ans 2012-2017.

Grande compétence économique,
goût de la politique,
mandat local souhaité,
expérience de ministre appréciée.

M. Baylet a insisté pour passer l'entretien. Il savait bien qu'il ne serait pas pris mais il voulait en être. Pour montrer qu'il était moderne, malgré sa chemise rayée noir et blanc des années 1980, M. Baylet a expliqué qu'il voulait légaliser le cannabis. Après les radicaux cassoulet, voici les radicaux pétard mouillé. M. Baylet a aussi évoqué l'euthanasie. En voilà une bonne idée pour oublier la crise, on laisse fumer les jeunes et on pique les vieux.

En politique, on est considéré comme jeune jusqu'à cinquante-cinq ans. Après, on est mûr (entre cinquante-cinq et soixante-cinq ans), puis on est expérimenté (entre soixante-cinq et soixante-quinze ans). Après soixante-quinze ans, on publie ses Mémoires avant d'oublier ses souvenirs.

M. Valls et M. Montebourg sont donc les jeunes candidats de quarante-neuf ans. Ils ont un physique avantageux de vendeurs de voitures rémunérés au pourcentage, de l'énergie et des idées. Ils ont envie de changer les choses et la naïveté de penser qu'ils vont peut-être y arriver. Ils ont osé exprimer des opinions tranchées pendant l'entretien, c'est quand on renonce à plaire un peu à tout le monde qu'on peut espérer plaire vraiment à quelques-unes.

M. Valls était un peu trop bronzé. Pour un entretien d'embauche, ce n'est jamais bien d'avoir l'air de revenir de vacances, ça fait celui qui n'a pas besoin de travailler.

Mme Royal, qui avait failli décrocher le boulot il y a cinq ans, a postulé de nouveau. Pimpante, souriante, confiante, mais pas très convaincante. Quand elle a évoqué l'« escalier social », on s'est dit que décidément elle aurait toujours « l'esprit d'ascenseur ».

Mme Marianne a été un peu déçue par ses deux favoris, M. Hollande et Mme Aubry. Ils avaient tellement envie de décrocher le poste qu'ils en sont arrivés à ne presque rien dire. Comme dans ces repas de famille où, pour éviter les sujets qui fâchent, on parle tellement de tout et de rien qu'à la fin on ne se dit rien du tout.

Mme Aubry a précisé qu'elle était carrée et M. Hollande, maintenant qu'il est moins rond, a voulu montrer qu'il pouvait être cassant.

À la fin des six entretiens, Mme Marianne a bâillé. Elle a demandé à son DRH :

— On n'a vraiment personne d'autre ?

Le DRH a secoué la tête, alors Mme Marianne a soupiré :

— Je vais réfléchir encore un peu avant de me faire une opinion. Il ne faut jamais se fier à sa première impression.

*(18 septembre 2011)*

# 10

# LE JOUR DU CHOIX

# Maman à gauche, papa à droite

Mon père est à droite, ma mère est à gauche et moi, j'en peux plus d'être au centre de leurs disputes.

L'autre fois, comme papa était pas là, j'ai demandé :

— Dis, maman, c'est quoi, la gauche ?

— La gauche, ce sont des gens qui pensent aux autres, qui ont une humanité, une générosité formidables. Quand la gauche est au pouvoir, le chômage diminue, la croissance augmente et les riches partagent leur argent avec les pauvres.

— Ils sont d'accord pour partager, les riches ?

— Non, pas toujours, alors on doit les forcer un peu. Et puis, tu vois, la gauche privilégie la culture, l'éducation…

La gauche expliquée par maman, ça avait l'air drôlement bien. Alors j'ai demandé :

— Mais dis, maman, c'est quoi exactement la droite ?

— La droite, ce sont des gens égoïstes qui ne pensent qu'à gagner de l'argent. Leur priorité, c'est l'ordre et la sécurité, même si, pour ça, ils réduisent les libertés.

— Mais, maman, pourquoi il y a des gens à droite si c'est tellement pas bien ?

— Demande à ton père, elle a répondu.

Ça tombait bien parce que, à ce moment-là, mon père est arrivé.

— Arrête de raconter n'importe quoi à cette enfant !

— C'est elle qui m'a posé une question, a répondu ma mère en criant un peu.

Alors, papa m'a caressé les cheveux et m'a dit d'une voix douce :

— Si tu veux comprendre quelque chose à la politique, ma chérie, demande-moi, je vais t'expliquer.

— Dis, papa, c'est quoi, la gauche ?

— La gauche, ce sont des gens idéalistes et dépensiers qui essaient désespérément d'appliquer leurs idées périmées.

— Et la droite, c'est quoi, papa ?

— La droite, ce sont des personnes responsables, compétentes, pragmatiques qui s'adaptent à la réalité économique du monde actuel et qui protègent les citoyens.

— Mais est-ce que, avec la droite, les riches partagent avec les pauvres ?

— Bien sûr, ma chérie ! Avec la droite, c'est mieux puisque tout le monde peut espérer devenir riche alors qu'avec la gauche, tout le monde devient de plus en plus pauvre.

C'est là que maman s'est vraiment mise en colère :

— Tais-toi ! C'est pas possible d'être aussi sectaire !

— Et toi, tu n'es qu'une gauchiste ringarde !

— Facho !

— Tout de suite, les amalgames honteux...

— Stop ! j'ai dit. Je comprends plus rien. Moi, de toute façon, quand je serai grande, je serai au centre.

— Le centre, maintenant, il est avec la gauche, a dit maman.

— Oui, mais, à l'origine, le centre, il est à droite, a rajouté papa.

Là, c'est moi qui ai crié :

— Il n'y a pas d'un côté le bien et, de l'autre, le mal ; d'un côté, la vérité et, de l'autre, le mensonge. Tous les deux, vous avez en partie raison.

— Ah bon ?

— Ce soir, à 20 heures, il y en a un de vous deux qui sera content et l'autre qui va faire la gueule toute la soirée.

Vous aurez tort, parce que le camp qui a gagné, il pourra commencer à se faire du souci, alors que ceux qui vont perdre, ils devraient être soulagés : critiquer, c'est toujours plus facile que gouverner.

*(6 mai 2012)*

# Quarante-cinq millions d'électeurs

### Électeurs bloqués :

Dans les maisons de retraite, les dimanches d'élection ressemblent à tous les autres dimanches. Quand on rentre dans le hall, ce qui frappe, c'est l'odeur diffuse d'urine et une aide-soignante black, ronde et souriante. Depuis *Intouchables*, on dirait que les aides-soignantes sont enfin fières de ce qu'elles sont.

Dans l'ascenseur, un monsieur ne se souvient plus à quel étage est sa chambre, il se rappelle juste de son nom qu'il ânonne avec conviction.

— Vous allez voter pour qui ? je demande.

— Pompidou, il répond.

Ma tante ne peut plus sortir de son lit à cause d'une sclérose en plaques.

— D'après toi, qui va être élu ? je demande.

Elle éclate d'un rire silencieux qui secoue son corps immobile :

— Oh, ça… de toute façon, ça ne changera rien pour moi.

### Électeur déraciné :

— Vous allez voter ?

— Je suis inscrit en Normandie, normalement j'habite à Nice mais là, je travaille en Martinique.

— Ah oui, c'est pas évident.

**Électeurs en couple :**

— Où tu as mis les cartes électorales ?

— Dans le tiroir de la cuisine.

— Elles y sont pas ! T'as caché les cartes pour que je ne vote pas, c'est ça ?

— Bien sûr que non ! Je t'avais dit de laisser les cartes sur le meuble de l'entrée.

— Les enfants ! Vous avez touché aux cartes électorales ?

— Trop pas !

**Électeur en vacances :**

— Moi, j'ai essayé de faire une procuration mais je ne connais personne à La Plaine-Saint-Denis, on vient de s'installer. J'ai téléphoné au parti pour leur demander de nous mettre en contact avec un électeur près de chez nous ; ils ont dit qu'ils rappelaient mais rien… Là, je ne peux plus changer le billet d'avion. Tant pis, je voterai au second tour.

**Électeur mineur :**

— Maman, je peux aller dans l'isoloir avec toi ?

— Oui, mais chut, c'est secret.

— Maman, pourquoi tu mets les autres bulletins dans ta poche ?

— Pour que les gens qui viennent après ne sachent pas pour qui j'ai voté.

— Mais moi, je peux leur dire… Hé, vous savez pour qui elle a voté, ma maman ?

— Chut !

**Électeur connecté :**

— Je regarderai les résultats à 18 h 30 sur le Net.

— Et ça te donne quoi ? Moi, j'aimais bien quand on allumait la télé à 19 heures et qu'on essayait de deviner la tendance à la tête des présentateurs. Les visages décomposés le 10 mai 1981, le trouble en 2002…

— Ça, c'était au XXe siècle ! Sur Twitter, on a des codes : « l'agité est dans le bocal », « il y aura du Flanby au dessert », « la marine a pris l'eau », « un steak béarnaise pour la dix », « les Pays-Bas devant la Hongrie » ou « la talonnette a écrasé le flan ».

**Électeur adolescent :**

— Maman, on n'a qu'à rester un jour de plus en vacances, puisqu'on connaît déjà les résultats.

— Si tout le monde se disait ça, personne n'irait voter.

— Une voix en plus ou en moins, ça va rien changer…

— Voter, c'est un droit mais c'est aussi un devoir. Au fait, tes devoirs, ça en est où ?

— J'ai bien le droit de ne pas faire mes devoirs !

— Eh bien, pour moi, c'est un devoir d'exercer mes droits.

*(22 avril 2012)*

# Abstention sous toutes ses formes

*Le scrutin présidentiel approche et, avec lui, toutes les questions habituelles : le taux de participation et le vote par procuration. Dans le procès du naufrage de l'Erika, l'avocat général demande l'annulation de la procédure judiciaire, estimant que la justice française est incompétente, puisque la catastrophe est le fait d'un navire étranger hors des eaux territoriales.*

## ✓ S'abstenir d'être efficace au travail

— Est-ce qu'on pourrait monter une réunion après le week-end de Pâques pour ce projet ? Mardi, par exemple ?

— Plutôt mercredi, le temps que tout le monde rentre.

— Oui, mais, attention, la semaine suivante, c'est les vacances de Pâques pendant quinze jours.

— Déjà ?

— Ensuite, il y a le 1^er^ Mai, le 8 Mai puis le pont de l'Ascension… C'est plus un mois de mai, c'est un viaduc.

— Déjà qu'à cause des élections plus rien ne se fait, plus rien ne se décide.

— Tout redémarrera après la présidentielle…

— Sûrement pas, les gens vont attendre les législatives pour voir ce qui se passe vraiment.

— Oui mais après les législatives, ça sera les vacances de juillet.

— Déjà ? Je crois que le mieux, ça serait qu'on fasse cette réunion à la rentrée de septembre.

— C'est quand même incroyable qu'avec autant de ponts, on soit la cinquième puissance économique du monde !

### ✓ S'abstenir de critiquer Eva

Parce que, même si on a mis le temps, on a fini par aimer ses lunettes rouges, noires puis vertes…

Parce que l'on a appris avec étonnement qu'elle avait soixante-huit ans : on pensait qu'elle avait moins et qu'elle faisait plus, alors qu'elle a plus et qu'elle fait moins.

Parce qu'à défaut de brio on peut lui reconnaître une grande ténacité, une capacité étonnante à encaisser les coups et une énergie vraiment renouvelable.

### ✓ S'abstenir d'assumer ses responsabilités comme Total

— Le jugement est annulé, on débouche le champagne !

— Vous croyez que c'est bon pour l'image de Total ?

— Pensez-vous… Avec les élections dans quinze jours, les gens auront oublié tout ça.

— Il y a aussi notre plate-forme pétrolière qui fuit en mer du Nord.

— L'avantage de la mer du Nord, c'est que, comme l'eau est déjà noire, on remarque moins le pétrole.

— Je crains que les automobilistes ne viennent plus chez nous par hasard.

— Ne vous inquiétez pas : les gens ont la mémoire courte. C'est l'avantage de notre époque, une information en chasse une autre. Vous verrez que cet été, ils feront tous la queue à nos stations-service comme d'habitude.

### ✓ S'abstenir de faire une procuration

— C'est trop compliqué, tous ces papiers à remplir !

— Mais non, madame, c'est simple, il suffit de vous rendre dans un commissariat avec la personne qui vote à votre place.

— Je ne sais pas à qui m'adresser, c'est intime le vote. Je ne peux quand même pas aller toquer chez ma voisine en lui demandant pour qui elle vote !

— Et, sans indiscrétion, vous votez pour qui, madame ?

— Je ne sais toujours pas, j'hésite encore.

— Ça va être dur de trouver quelqu'un qui vote comme vous, si vous ignorez qui vous allez choisir.

— Je crois que je vais m'abstenir. Il faut faire une procuration pour s'abstenir ?

— Si vous ne votez pas, au soir du premier tour, il faudra vous abstenir de tout commentaire.

*(8 avril 2012)*

# À un ami abstentionniste

*Les élections cantonales sont le dernier scrutin avant la présidentielle de 2012. Un test pour les grands partis, mais aussi pour le taux de participation.*

Bien sûr que ça demande un effort d'aller voter. Il y a tellement de choses plus importantes à faire un dimanche de printemps.

S'étirer paresseusement dans son lit.

Préparer du café.

Envisager d'aller acheter des croissants, puis se souvenir que madame fait son régime de printemps.

Se rendormir.

Partir faire un tour au marché.

Aller à la messe.

Faire semblant de ranger la maison.

Lancer une machine.

Se doucher.

Faire l'amour.

Bruncher.

Lire le *JDD*.

Faire la sieste.

Regarder Michel Drucker.

Amener les enfants s'aérer.

Bien sûr, le bureau de vote est loin de chez toi parce que tu as oublié de signaler à la mairie que tu avais déménagé. Alors il faudra que tu prennes la voiture pour aller voter, au prix où est l'essence en ce moment.

Et ce déjeuner de famille qui n'en finit pas et où tu sortiras de table à 15 heures en bâillant.

Demander aux enfants s'ils ont fait leurs devoirs, ils répondront « presque », ce qui veut dire « non ».

Savoir que tu vas passer la soirée à l'entendre ânonner un poème nommé « Le Printemps » et qui parlera de bourgeons en train d'éclore. Les maîtresses adorent les poésies qui évoquent les saisons, c'est une des rares choses qui n'aient pas changé dans l'Éducation nationale depuis trente ans.

Se souvenir que tu as dépensé 1,34 euro pour voter à « Danse avec les stars » et que ce n'était peut-être pas essentiel.

Penser à ceux qui vivent dans des pays où l'on n'a pas le droit de vote et se dire que c'est un privilège.

Réfléchir à la situation : le PS qui additionne les candidats. Le Front national qui multiplie les voix. L'UMP qui crée des divisions en croyant que c'est un bon calcul.

Tu as envie de te soustraire à tout ça, pourtant, je t'assure, c'est passionnant de voter.

Fouiller partout pour retrouver sa carte d'électeur.

Faire la queue au bureau de vote.

Pousser le rideau de l'isoloir un peu fripé d'une couleur bizarre, entre le vert pâle et le beige.

Regarder les pieds des gens qui dépassent des autres isoloirs.

Se dire qu'à l'intérieur il y en a un sur cinq qui vote FN.

Essayer de deviner lesquels.

Puis se souvenir qu'il y en a quatre sur cinq qui ne votent pas extrême droite. Pas encore.

Regarder par curiosité les bulletins chiffonnés dans l'isoloir pour deviner la tendance.

Bien sûr, que tu ailles voter ou pas, ce soir les hommes politiques diront : « Les Français ont envoyé un message et je crois qu'il est clair. »

Puis les commentateurs demanderont : « Comment interpréter ce taux d'abstention ? Est-ce qu'on peut dire ce soir qu'il y a une "vague bleu Marine" ? »

Et la blonde qui rayonnera de satisfaction, la blonde qui ne fait aucune erreur, comme une comète sur une trajectoire qui avance avec une force implacable.

Vote pour qui bon te semble, mais va voter.

Les électeurs de la blonde ne s'abstiendront pas, eux.

*(27 mars 2011)*

# Journée électorale

*Le 14 mars 2010, premier tour des élections régionales. Un rituel pour les partis politiques, les journalistes et les politologues, les électeurs et les abstentionnistes, et même les enfants qui s'offrent un cours d'instruction civique.*

**8 h 30 :** ma fille de sept ans me réveille. Les enfants se lèvent toujours beaucoup plus facilement quand il n'y a pas école.

**8 h 45 :** je me rendors après avoir allumé Disney Channel (je sais que ça n'est pas bien, mais c'est dimanche).

**10 heures :** l'homme me demande : « Tu dors ? », je réponds « oui ».

**10 h 10 :** discussion pour savoir qui va préparer le petit-déjeuner.

**10 h 15 :** je me lève, je me pèse (on ne devrait jamais se peser le dimanche), je me recouche.

**10 h 30 :** il va préparer le petit-déjeuner en râlant.

**11 heures :** « Au fait, t'as décidé pour qui t'allais voter ? », je demande. Il bâille. « Je verrai, et toi ? — Moi, je vote ce que j'ai dit. — T'as tort », il répond.

**11 h 05 :** « Si tu votes ça, moi je vote le contraire », il menace.

**11 h 06 :** je hausse les épaules et je remange une tartine.

**11 h 10 :** on finit par se mettre d'accord, on va aller voter avant le déjeuner.

**11 h 20 :** j'essaie d'extraire l'adolescente du lit.

**11 h 30 :** je lance à la cantonade : « Allez, on s'habille, sinon on va pas arriver à aller voter avant le déjeuner. » La petite répond : « Trois secondes, on est dimanche. »

**11 h 45 :** l'homme entre dans la salle de bains.

Midi : deuxième tentative pour extraire l'adolescente du lit. Cette fois, elle me répond par des grognements.

**12 h 10 :** je menace la petite de lui confisquer sa tablette si elle ne s'habille pas immédiatement.

**12 h 15 :** la petite s'est habillée, mais l'homme n'est toujours pas sorti de la salle de bains.

**12 h 45 :** l'adolescente sort du lit et rentre dans la salle de bains.

**13 h 30 :** tout le monde est prêt à partir sauf moi qui ai oublié de m'habiller.

**13 h 35 :** on décide de manger avant d'aller voter.

**13 h 45 :** la petite demande : « Je pourrai mettre l'enveloppe dans l'urne ? — Oui, je réponds — Ça se fait trop pas », dit la grande.

**14 h 45 :** on décide d'aller voter après la sieste.

**16 h 30 :** il demande : « À quoi ça sert d'aller voter si nos votes s'annulent ? — Si tu votes pas, ça fait de l'abstention », dit la grande, qui a suivi des cours d'éducation civique.

**16 h 35 :** « Pas voter, ça se fait trop pas », dit la petite (qui essaie de parler comme la grande).

**17 heures :** ça y est, on est devant le bureau de vote. On fait la queue.

**17 h 15 :** il s'aperçoit qu'il a oublié sa carte d'identité, il repart.

**17 h 20 :** on ne me trouve pas sur les listes du bureau A.

**17 h 30 :** je refais la queue au bureau B.

**17 h 45 :** l'homme revient avec son passeport.

**17 h 50 :** la femme du bureau de vote s'aperçoit que son passeport est périmé.

**17 h 46 :** je retrouve sa carte d'identité dans mon sac à main.

**17 h 50 :** on vote !

**17 h 55 :** « Tu vas être content, j'ai changé d'avis à la dernière minute », je dis. « Moi aussi », il répond.

Ça doit être à cause de gens comme nous que les sondeurs n'arrivent jamais à vraiment prévoir ce qui va se passer.

**19 heures :** on dîne plus tôt pour regarder les résultats.

**19 h 45 :** les politologues analysent le taux d'abstention : participation en baisse, enjeux, scrutins similaires, démobilisation…

**19 h 50 :** arrivée des premiers leaders politiques sur les plateaux télé, on les scrute et on devine à leur tête s'ils sont contents ou pas.

**20 heures :** les résultats tombent. « Je m'en doutais ! », s'exclame l'homme.

**20 h 08 :** début de la litanie habituelle des soirs d'élection.

**20 h 10 :** « Les Français ont envoyé un message, nous l'avons entendu. »

**20 h 11 :** « C'est avant tout une élection régionale, avec des enjeux régionaux. »

**20 h 18 :** « Je ne veux pas céder au triomphalisme, le contexte ne s'y prête pas. »

**20 h 20 :** « On retrouve notre envoyé spécial dans cette région, où les résultats étaient très attendus. »

**20 h 30 :** « Vous êtes dans le QG du parti, l'ambiance n'est pas à la fête ce soir. »

**20 h 31 :** « C'est le moins qu'on puisse dire. »

**20 h 45 :** « On nous annonce que le premier secrétaire du parti socialiste va s'exprimer. »

**20 h 46 :** « Ah, un petit problème technique nous empêche d'obtenir la liaison. »

**20 h 47 :** « Quel premier bilan peut-on tirer de ces résultats provisoires ? »

**20 h 52 :** « Comment expliquez-vous que les sondages se soient autant trompés ? »

**21 heures :** « Alors, qui a gagné ? Papa ou maman ? », demande la petite. « Va te coucher », on répond.

**21 h 50 :** « Vous regardez encore la politique ! Vous avez pas encore compris les résultats ? », se moque la grande. « Va te coucher », on répond.

**22 heures :** on change de chaîne pour se changer les idées, cette journée électorale nous a épuisés.

*(14 mars 2010)*

# 11

# ET AUSSI...

## Noëls numériques

*Et s'il convenait d'ajouter aux faits majeurs de 2013 la nouvelle manie des vapoteurs de cigarettes électroniques, la folie des utilisateurs de Smartphone et de tablettes électroniques et la fièvre des acheteurs en ligne ?*

### L'accro à la cigarette électronique :

Il nous annonce fièrement: «J'ai arrêté de fumer.» On répond machinalement: «C'est bien.» Le foie gras n'est pas encore sur la table que déjà il a dégainé sa cigarette électronique qu'il aspire fébrilement. Il précise: «Je ne fume pas, je vapote.»

Une grand-mère tousse:

— Tu veux pas aller vapoter dehors?

— Mamie, si tu tousses, c'est psychologique, c'est que de la vapeur.

— Mais ça a quel goût? Je peux essayer? demande un ado de quatorze ans.

L'objet passe de bouche en bouche, il proteste:

— C'est comme une brosse à dents ou un slip, ça ne se prête pas.

La mamie remarque:

— On sait pas vraiment ce qu'il y a dans ces cigarettes électroniques, si ça se trouve, c'est dangereux. C'est Jean-Pierre Pernaut qui l'a dit.

**La dingue des achats en ligne :**

Elle a commandé ses cadeaux sur le Net à l'avance. Elle a fait des affaires incroyables qu'elle raconte avec fierté, tout juste si elle ne nous annonce pas le prix de chacune de ses trouvailles. Mydressing-showroom.com, direct-affaires-incroyables.fr, vide-ton-compte-en-banque.com… Elle est abonnée à toutes sortes de newsletters. Elle a acheté le foie gras en ligne au mois de janvier de l'année dernière. Elle a trouvé les flûtes sur Le Bon Coin et le champagne sur eBay. La grand-mère remarque :

— En somme, si je comprends bien avec ton Internet, tu fais des économies en dépensant de l'argent.

**Les fous du Smartphone :**

Le prolongement d'eux-mêmes est posé sur la table basse à côté du tarama et des canapés à la mousse de foie de canard. Ils croient bon de se justifier :

— C'est pour prendre des photos.

En vérité, ils ne peuvent s'empêcher de vérifier toutes les trois secondes si on leur a envoyé un mail, un tweet, un texto. Ils photographient le plateau de fruits de mer et publient aussitôt la photo sur Facebook. La grand-mère demande :

— Mais ça vous donne quoi de montrer aux gens ce que vous mangez ?

— C'est pour se marrer.

— N'empêche, à force d'être proches des gens qui sont loin, vous en arrivez à être loin des gens qui sont proches.

**Les hypnotisés de la tablette tactile :**

Ils ont entre cinq et douze ans et touchent à peine au repas de Noël. Les mieux élevés demandent la permission de se lever de table pour aller jouer. Vautrés sur le canapé, les yeux rivés sur la tablette, ils semblent happés par l'écran, seuls leurs doigts bougent à toute vitesse. Plus besoin de leur demander de la mettre en sourdine, plus besoin de chercher des activités pour les occuper… Même entre eux, ils ont une conversation minimaliste :

— On change d'iPad ? On joue en réseau ? T'es à quel niveau ?

On crie :

— Les enfants, venez ouvrir les cadeaux !

Ils ne bougent pas.

— Pourquoi vous regarderiez pas plutôt un DVD de Walt Disney ? lance un adulte qui se croit encore au XXe siècle. Un enfant consent à s'extraire de son jeu pour ricaner :

— Un DVD de Disney ? On est trop vieux !

— N'empêche, nous, quand on jouait, on criait, on avait les joues rouges, on faisait du bruit, on s'amusait, remarque la grand-mère.

— C'était une autre époque, mamie !

*(22 décembre 2013)*

## Dis, maman, c'est qui Mandela ?

*Après des mois d'agonie, Nelson Mandela s'est éteint le 5 décembre 2013 chez lui, à Johannesburg. Le monde s'apprête à rendre hommage au Prix Nobel de la paix qui a su mettre fin à l'Apartheid sans effusion de sang.*

**Dis, maman, il jouait à quel poste, Nelson Mandela ? Il était attaquant ou défenseur ?**

— Tu mélanges tout !

— Dis maman, on peut appeler le 3637 pour faire un don pour aider la recherche sur les Miss France ?

— Va ranger ta chambre !

**Dis papa, c'est quoi la transparence en politique ?**

— La transparence en politique, c'est tout dire et tout savoir. Mais, attention, il ne faut pas confondre la transparence et l'indécence.

— C'est quoi l'indécence ?

— L'indécence, c'est dévoiler qui s'est fait enlever une verrue plantaire, une dent de sagesse ou un grain de beauté. La transparence, c'est mettre en adéquation des paroles limpides et des actes clairs.

— Comme Jean-Marc Ayrault ?

— Euh… non, Jean-Marc Ayrault, il est transparent, mais ça ne veut pas dire qu'il soit clair.

**Dis, maman, je ne vois pas ce qu'il avait de si exceptionnel ce Nelson Mandela…**

— Tu en connais beaucoup des gens qui restent enfermés vingt-sept ans et qui ressortent souriants, pleins d'amour, de pardon et de compassion pour leurs ennemis?

— Ben ouais… Par exemple, Nadège dans « Secret Story », elle est restée vingt-sept jours enfermée et on en a trop moins parlé. Et pourtant, Nadège, elle était trop pleine d'amour et elle a trop pardonné à ceux qui ont trop pas voté pour elle.

— Mais, enfin! On ne peut pas comparer une héroïne gourdasse de la télé-réalité à un héros de la réalité.

— N'empêche, Mandela, on le voit trop tout le temps à la télé et ça, c'est trop une réalité.

**Dis, papa, c'est quoi l'apartheid?**

— Tu vois, à l'époque, il n'y a pas si longtemps, en Afrique du Sud, on ne mélangeait pas les Blancs et les, les… les gens de couleur.

— Ah… comme quand on fait une machine?

— Noooon!!! L'apartheid, c'est quand on met une communauté ou des gens à part en raison de leur origine raciale, quand on exclut une partie de la population…

— Comme les Roms?

— Euh…

— En fait, Mandela, c'était un genre de porte-parole de Leonarda?

— Mais ça n'a RIEN à voir! Les Roms ne subissent pas l'apartheid. L'apartheid, c'est quand on te discrimine parce que… euh enfin les Roms, les Roms… Enfin, bref, ça n'a rien à voir!

**Dis, maman, pour résumer, c'est qui Nelson Mandela ?**

— Nelson Mandela est un homme exceptionnel qui a consacré sa vie à combattre pour son idéal. Il a fait passer l'intérêt collectif avant son bien-être individuel pour faire triompher ses idées de paix et de réconciliation.

— Trop bien ! Tu pourras m'acheter un T-shirt avec sa photo?

— Mais Nelson Mandela se moquait du matériel! Nelson Mandela s'est battu pour des valeurs morales : pour l'égalité entre les peuples, pour la paix, pour la fraternité…

— Trop bien ! Je vais poster un message sur Twitter « Rip Nelson » et je vais liker sa page Facebook.

— Décidément, tu ne comprends rien ! Va ranger ta chambre.

— Et toi, va ranger ton monde !

*(8 décembre 2013)*

# Dîner en ville, déjeuner en famille

*Un sujet alimente toutes les conversations : jusqu'où ira Marine Le Pen ?*

On parle beaucoup de la dame blonde dans les dîners en ville, en baissant la voix comme si son nom était un gros mot. Entre un émincé de bar et un risotto de truffe, la mine grave.

— Elle progresse terriblement.

On reprend une coupe de champagne, on grignote un blini saumon-betteraves et on rajoute en chuchotant :

— Elle va faire un carton aux municipales, mais aux européennes, ça va être un carnage.

La cause paraît entendue. Comme si, déjà, on ne pouvait plus rien faire.

Un serveur philippin sans papiers apporte des sushis californiens.

— Et sinon, vous voyez qui en Premier ministre ?

Une femme au décolleté généreux égrène des noms en suçotant sa cigarette électronique. On tergiverse, on suppute.

— Que ça soit Valls, Aubry ou Delanoë, ça ne changera rien.

Un jeune homme proteste :

— Il faut lui laisser un peu de temps, à François Hollande, il va peut-être s'améliorer.

C'est le tollé général.

— Le temps de quoi? De baisser encore dans les sondages? Ça fait dix-huit mois qu'on attend qu'il fasse quelque chose!

Les mêmes qui s'enflammaient jadis contre Sarkozy n'ont pas de mots assez durs pour «moi président».

— Vous avez vu, me murmure mon voisin de table dans un demi-sourire, quand on écoute les gens parler, plus personne n'a voté pour lui. Il faudrait déclencher une alerte-enlèvement pour retrouver ses dix-huit millions d'électeurs.

En province, dans les déjeuners du dimanche, on parle aussi beaucoup de la dame blonde.

— Moi, tu vois, je ne suis pas pour ses idées et je voterai jamais pour elle, mais je dois reconnaître qu'elle a pas tout à fait tort. Vous prenez quoi en apéro, whisky, Ricard, porto?

On grignote des noix de cajou et des Apéricube, puis on mange des coquilles Saint-Jacques sur un lit de poireaux.

— Vous me direz ce que vous en pensez, j'ai pris la recette dans «Master Chef». Voyez, moi j'ai plein d'amis qui vont voter pour elle, et puis alors, des gens que j'aurais jamais cru, comme Éliane, Jean-Claude, Foufoune, même Olivier… Olivier, il était communiste, avant, quand même!

On attaque le gigot flageolets et des pommes de terre sautées pleines de cholestérol. Un bac+5 raconte qu'il a enfin décroché un entretien pour un stage après avoir envoyé 50 CV. Une retraitée remarque:

— Qu'est-ce que tu veux? Les gens en ont marre, ils disent: on a essayé la droite, la gauche, on a été déçus, alors pourquoi pas? De toute façon, ça pourra pas être pire.

— Ça fait peur, quand même.

Quelques verres de bordeaux plus tard, avant d'entamer un camembert bien coulant, quand les joues sont un peu rouges et qu'on défait un bouton de chemise pour se mettre à son aise :

— Ce qui serait marrant, c'est que Moumou prenne Ségolène comme Premier ministre.

— Parfois, je me demande si Strauss-Kahn n'aurait pas fait mieux.

— T'imagines s'il avait sauté sur Angela Merkel en plein sommet européen ?

On ricane. On glousse, on se ressert à boire.

Tout cela semble soudain une vaste farce.

En rire pour ne pas en pleurer.

*(17 novembre 2013)*

## Y en a marre

*Victime d'un vol à main armé, un bijoutier niçois blesse mortellement l'un de ses deux agresseurs. Plus d'un million d'internautes soutiennent le commerçant.*

**Au marché :**

— Y en a marre, ça peut plus durer, on n'en peut plus.

— De quoi?

— De tout... Le bijoutier, l'insécurité, les Roms, le chômage, les impôts.

— Oui, mais enfin, sans impôt, on ne peut pas payer de policiers pour assurer la sécurité.

— De toute façon, il n'y en a qu'une seule qui nous comprend vraiment.

— Qui ça?

— Mais vous savez bien... Marine.

— Ben, vous n'étiez pas à gauche, vous, avant?

— Oui, mais on a trop été déçus. Il fait quoi, Hollande, depuis un an? La même chose que Sarkozy en pire.

— Faut lui laisser un peu de temps...

— Le temps de quoi? De baisser les retraites? La France est foutue, y en a marre, on n'en peut plus!

— Votre Marine Le Pen, elle est quand même un peu raciste...

— Non ! Elle n'est pas raciste, elle est patriote. Les Français d'abord, les étrangers dehors. C'est pas raciste, c'est pragmatique.

— Et les Français d'origine étrangère, vous en faites quoi ?

— Mais j'en sais rien, moi. Vous m'en posez des questions…

— C'est important de réfléchir un peu avant de voter.

— Quand on est en colère, on ne réfléchit pas. Y en a marre !

**Au PS :**

— C'est effrayant comme elle monte, la peste blonde, et ce sourire victorieux qui semble nous narguer en permanence…

— Elle est invitée partout ! Cette semaine, on l'a tellement vue à la télé que je croyais qu'elle sortait un film.

— N'empêche, elle est très convaincante, c'est un bulldozer, on a l'impression que rien ne peut l'arrêter.

— Il faut faire un travail sur le terrain pour la contrer, il faut aller parler aux gens, leur expliquer…

— Pff… Moi, chaque fois que je vais sur le terrain, je m'en prends plein la gueule.

— Tu vois, le problème de François, c'est qu'il ne vend pas de rêve aux Français. Il gère du mieux qu'il peut mais il n'y a pas d'élan, il ne donne pas d'espoir.

— Tu as vu son discours au Mali ? Quand il se prend pour de Gaulle, il n'est pas très convaincant non plus.

— Moi, je te dis, aux municipales, on va se prendre une énorme raclée.

— Je crois que je préférais quand on était dans l'opposition. C'est compliqué d'être au pouvoir, les responsabilités, y en a marre !

**À l'UMP :**

— Ouf, voilà, c'est arrangé, Copé et Fillon se sont réconciliés.

— C'est quoi finalement la position de l'UMP avec le FN ? Ni-ni ou contre-contre ?

— C'est à l'électeur de choisir.

— Plutôt que de draguer les électeurs du FN, ça ne serait pas mieux qu'on développe un projet pour la France, qu'on cherche des idées nouvelles ?

— Oui, mais avec qui ?

François, qui est plus à droite que Jean-François ?

Jean-François, qui se retrouve au centre, alors qu'il voulait être à droite ?

Alain, qui s'y voit déjà depuis qu'il a eu un bon sondage ?

Nicolas, qui est parti tout en restant là et en disant qu'il pourrait revenir ?

Il y a tellement d'aspirants présidents qu'on se croirait au PS, il y a cinq ans.

— La guerre des chefs, y en a marre !

*(22 septembre 2013)*

## Parlez-vous la langue de bois ?

*Jean-François Copé organise une journée d'inventaire du quinquennat de Nicolas Sarkozy. Manuel Valls et Christiane Taubira s'opposent sur un projet de réforme pénale.*

### ■ INITIATION À LA LANGUE DE BOIS, 1re ANNÉE

Découverte des mots-clés et expressions les plus usitées de la langue de bois : la priorité du gouvernement, notre objectif fondamental, nommer une commission, organiser des états généraux, faire un état des lieux, commander un rapport avec des préconisations, mettre en œuvre des moyens supplémentaires, se réunir en séminaire gouvernemental, mettre en place un comité interministériel…

### ■ APPRENTISSAGE ET MISE EN PRATIQUE D'EXPRESSIONS POSITIVES DESTINÉES À MASQUER LA VÉRITÉ

– Plan de sauvegarde de l'emploi = *licenciements collectifs.*
– Modernisation de l'action publique = *remplacement des fonctionnaires par des CDD sans statut.*
– Demandeurs d'emploi = *chômeurs.*
– Biotechnologies = *OGM.*
– Emplois d'avenir = *contrats sans futur.*

### ■ LANGUE DE BOIS APPLIQUÉE, 2e ANNÉE : LA COPÉLANGUE DE BOIS

– Il faut faire le bilan des années Sarkozy sans langue de bois = *on va enfin oser critiquer qui vous savez.*

– Je préside un parti qui a besoin de passer à une nouvelle étape de sa reconstruction = *il faut oublier Nicolas Sarkozy, maintenant c'est moi le patron.*

– Ma loyauté à l'égard de Nicolas Sarkozy reste sans faille = *j'évite de dire du mal de Sarkozy car je suis déjà fâché avec Fillon.*

– Il faudra assumer une baisse massive des impôts = *on baissera les impôts, même si on doit fermer des hôpitaux, des tribunaux, des administrations et ne plus recruter aucun fonctionnaire.*

### ■ Licence de langue de bois approfondie : la Hollangue de bois ministérielle

– Rompre avec le tout-carcéral = *ne pas mettre tous les délinquants en prison, car il n'y a plus de place et on n'a plus d'argent pour rénover les anciennes prisons et en construire de nouvelles.*

– La sécurisation de l'emploi permettra de réduire le chômage = *la flexibilité permettra d'augmenter le nombre de CDD à temps partiel et la précarité des salariés.*

– Le taux de prélèvement devrait rester stable = *nous allons augmenter les impôts.*

– Notre objectif, c'est de faire le moins de prélèvements possible en 2014 = *nous allons augmenter les impôts.*

– La taxe écologique n'est pas un impôt supplémentaire, c'est un dispositif de verdissement de la fiscalité = *c'est un nouvel impôt destiné à faire chuter le score des écolos aux municipales.*

– En 2025, il y aura le plein-emploi = *les six millions de chômeurs de 2013 retrouveront du travail dans douze ans.*

– Notre action collective va payer = *nous aurons des résultats... un de ces jours.*

### ■ Master de langue de bois internationale : L'Obamalangue de bois appliquée à la Syrie

Contrairement à certaines preuves que nous tentions d'obtenir au préalable, ce que nous avons vu à présent indique clairement qu'il s'agit d'un événement important et sérieusement préoccupant = *l'usage des armes chimiques nous inquiète, mais on continuera à ne rien faire.*

*(25 août 2013)*

# Cherche pape en CDI

*Le 11 février 2013, le pape Benoît XVI, âgé de quatre-vingt-cinq ans, annonce sa renonciation : une première depuis celle de Grégoire XII, en 1415.*

Entreprise séculaire à dimension internationale, leader mondial dans le domaine religieux,

**RECHERCHE**

pour contrat à durée indéterminée, à partir du 28 février, un dirigeant charismatique, inspiré et inspirant.

✓ VOTRE MISSION

■ Véritable guide spirituel, vous serez chargé de conduire une stratégie d'ensemble pour accroître l'influence de l'Église dans le monde.

■ Le poste est basé à Rome, mais vous effectuerez de nombreux voyages à travers le monde pour conquérir de nouveaux marchés tout en consolidant nos bases traditionnelles.

■ Vous serez capable d'effectuer une synthèse entre l'ancien et le nouveau, le passé et le présent, en faisant preuve d'ouverture d'esprit mais avec une grande pondération dans les actes et dans les propos.

# FRANÇOIS 1er, UN PAPE NORMAL

✓ VOTRE PROFIL

■ Vous avez une formation religieuse pointue avec études théologiques approfondies de dix ans minimum et une foi profondément enracinée.

■ Vous maîtrisez parfaitement le latin, l'anglais et l'italien tout en ayant des notions d'espagnol, d'allemand et de français.

■ Vous justifiez d'une expérience forte en management qui vous rend capable de diriger un réseau de plusieurs centaines de milliers de prêtres à un niveau d'excellence inégalé.

■ Doté d'une grande sociabilité et d'un excellent sens du relationnel, vous appréciez les contacts humains multiples.

■ Une bonne santé et une grande résistance physique hors du commun sont indispensables.

■ Travail sept jours sur sept, avec pic d'activité le dimanche.

■ Âge minimum requis : 65 ans.

■ La fonction, quoique très prestigieuse, est non rémunérée. Vous disposerez d'un logement de fonction dans un domaine de 44 000 hectares et de 11 000 pièces au total, ainsi que d'une résidence d'été à Castel Gandolfo.

■ Mise à disposition pour vos loisirs d'une bibliothèque contenant 20 000 ouvrages religieux.

Envoyer CV/photo et lettre de motivation en latin au Vatican, qui transmettra.

*(17 février 2013)*

# Je ne comprends plus rien...

### ... au mariage gay à l'UMP

Récapitulons, il y a les homos qui se sont prononcés publiquement contre le mariage gay ; les hétéros de l'UMP, à qui l'on reproche d'être pour parce qu'ils se sont abstenus de voter contre ; les hétéros de l'UMP qui seraient pour en privé et contre en public...

Les choix politiques devraient donc être induits par des préférences privées ? Cela voudrait dire qu'un fumeur ne pourrait pas voter une loi antitabac et qu'un assujetti à l'ISF n'aurait pas le droit de se prononcer en faveur d'une augmentation de cet impôt ?

On a longtemps demandé aux homos de sortir couverts, maintenant on voudrait les forcer à se découvrir, même quand ils n'en ont pas envie.

Quand le *coming out* est imposé par un autre, au nom d'une dictature de la transparence sexuelle, on a la désagréable impression d'être dans une mauvaise émission de télé-réalité politique.

### ... au temps de novembre en juin

Le beau temps, c'est comme la croissance économique, il paraît que ça va revenir un jour. C'est François Hollande qui l'a dit. Les météorologues, finalement, sont comme les experts économiques, de plus en plus évasifs. On devrait faire un sondage sur le mauvais temps, c'est bien le seul point qui pourrait mettre d'accord tous les Français, de droite, comme de gauche : ce temps pourri, ça ne peut plus durer.

### ... aux pigeons, canards et autres volatiles

Les pigeons, ce sont les riches entrepreneurs du Web qui ont réussi, grâce à leur mobilisation numérique, à faire plier le gouvernement.

Les dindons, ce sont les enseignants qui se sont mobilisés contre la réforme des rythmes scolaires. On en a peu parlé, les enseignants sont beaucoup plus nombreux que les pigeons, mais ils ont des *community managers* beaucoup moins efficaces. À l'IUFM, on apprend à maîtriser les conjugaisons, pas les réseaux sociaux.

Les poussins, ce sont les autoentrepreneurs qui ont peur que le gouvernement tue dans l'œuf toute velléité d'entreprendre. Devant leurs revendications, François Hollande fait l'autruche, Ayrault marche sur des œufs et promet de pondre une nouvelle loi.

Avis aux futurs révoltés, voici les noms de volatiles encore disponibles : oies, poules, poulets, faisans... Bref, pas de quoi casser trois pattes à un canard.

### ... aux primaires à l'UMP

Le teint pâle, l'allure diaphane d'une aristocrate d'un autre siècle, la tresse défaite, Nathalie Kosciusko-Morizet semble déjà épuisée, alors que la campagne vient à peine de commencer. Après les coups fourrés de ses bons amis politiques, les municipales lui sembleront sans doute une promenade de santé. Mention spéciale aux organisateurs du vote électronique pour lequel il faut débourser trois euros et télécharger la version 7 de Java incompatible avec le navigateur Chrome.

Vous n'avez rien compris? Normal. Pourquoi faire simple quand on peut faire compliqué?

*(2 juin 2013)*

# Débat pour tous

*Depuis la présentation du projet de loi sur le mariage pour tous, en novembre, une vive opposition se fait entendre dans la rue, organisée par le collectif La Manif pour tous et portée par Frigide Barjot, ancienne jet-setteuse devenue militante catholique.*

**Après la messe :**

— Vous venez manifester pour défendre la famille ?

— Sûrement pas ! J'ai plein d'amis gays.

— Ce n'est pas une manif contre les homos, c'est pour défendre la famille.

— Et si les homos ont envie de fonder une famille ?

— Un enfant doit avoir un père et une mère !

— Mais il y a tellement de pères qui s'en vont et de mères qui s'en foutent… Regardez la petite fille dont les parents n'avaient pas payé la cantine parce qu'ils étaient en plein divorce, c'est une famille hétéro, non ? Et ceux qui n'ont pas payé la maison de retraite de leur mère, je parie que ce sont des hétéros. Jamais un homo ne laisserait tomber sa maman.

**À la machine à café :**

— Moi, le mariage gay, ça ne me dérange pas, mais pour les enfants, ça me gêne. Un bébé, ça n'est pas un jouet ou un animal de compagnie. Vous imaginez pour le gosse : papa et papa qui vont le chercher à l'école.

— Et alors ? C'est sûrement mieux qu'une maman qui présente tous les trois mois à son gamin « le nouvel ami de maman ». Ce qui compte, c'est de grandir entouré d'amour.

— Parce que vous avez confiance dans la durée de vie des couples homos, vous ? Quand on voit qu'à Paris un couple hétéro sur deux divorce, vous croyez que les couples homos mariés, ça va tenir plus longtemps ?

— Remarquez, s'ils ont envie de payer des pensions alimentaires et de connaître les joies du calcul de la prestation compensatoire.

— Au fait, ça en est où votre divorce ?

— Il fait appel. On n'est toujours pas d'accord sur la date de vacances des enfants. Il paraît que j'en ai encore pour deux ans.

— Avant de s'occuper du mariage gay, ils auraient dû faire une loi sur le divorce triste.

**Chez Frigide Barjot :**

— Le *dress code*, c'est bleu, blanc, rose. On est cathos mais modernes. Si on est interrompus par des militants promariage gay qui s'embrassent sur la bouche, on fait pareil.

— On les embrasse eux ?

— Non, on embrasse notre mari sur la bouche.

— Ah… Et s'il y a des femmes nues qui interrompent le cortège ?

— On les imite, on se déshabille aussi. Le Christ a dit : « Aimez-vous les uns les autres. »

— Frigide, vous êtes vraiment sûre que vous avez bien compris le catholicisme ?

**À la maison :**

— Gwenaël, Bénédicte, Jean-Eudes, Paul-Alexandre, dépêchez-vous, on part à la manif.

— Maman, il faut que je te parle…

— Tu vois bien que ça n'est pas le moment, Jean-Eudes ! L'autocar avec la chorale de la paroisse nous attend.

— Maman, je ne viendrai pas à la manif.

— Quoooi ?

— Maman, je crois que je suis gay.

— Tu te fais des idées, voyons… Ça peut changer.

— Je ne crois pas, non.

— On va faire des prières et tu redeviendras normal comme nous. Allez, viens.

— Je n'irai pas à cette manif.

— Jean-Eudes, si tu ne viens pas, je dis à ton père que tu es G-A-Y.

— J'arrive, elle est où, la banderole ?

*(13 janvier 2013)*

# Dictateurs et diplomates

*Après la Tunisie et l'Égypte, le printemps arabe touche les rives libyennes en février 2011. Le colonel Kadhafi menace de réprimer la révolte de ses opposants à Benghazi. Comment vont réagir les anciens amis, notamment français, du Guide libyen ?*

— Dis, maman, c'est quoi un dictateur?

— Un dictateur, c'est, c'est... comment te dire... quelqu'un qui ne supporte pas qu'on ne soit pas d'accord avec lui.

— Comme toi? Papa dit que t'es un vrai dictateur.

— Papa exagère, tous les dictateurs ont du caractère, mais quand tu as du caractère, tu n'es pas forcément un dictateur.

— Un dictateur, c'est toujours méchant?

— Un dictateur, c'est un méchant qui veut se faire passer pour un gentil et qui raconte qu'il est obligé d'être méchant parce que les autres ne sont pas gentils.

— Mais à quoi on reconnaît un dictateur?

— Déjà, le dictateur ne reconnaît jamais qu'il est un dictateur.

— C'est mal de parler à un dictateur?

— Il y a des gens qui croient qu'en nouant un contact avec un dictateur ils vont l'aider à s'améliorer, d'autres qui pensent que, puisque le dictateur a de l'argent, autant en profiter pour lui vendre des armes, et enfin il y a des personnes qui considèrent que c'est absolument honteux de fréquenter un dictateur et de faire du commerce avec lui.

— C'est un peu compliqué tout ça.

— C'est pour ça qu'il y a des diplomates qui réfléchissent à tous ces problèmes.

Comme le dictateur ne supporte pas la critique, le diplomate fait toujours très attention aux mots qu'il emploie. Alors, souvent, il «déplore» que les droits de l'homme ne soient pas respectés, il «condamne» l'usage de la force.

— Mais si on vend des armes à un dictateur et qu'après il tue des gens avec, c'est un peu notre faute?

— Oui, mais tu peux aussi penser que si tu ne vends pas d'armes à un dictateur, un autre pays le fera.

Pour résumer, les démocraties fabriquent les armes, les dictatures les achètent et les diplomates s'arrangent pour que personne ne soit au courant.

*(27 février 2011)*

# Le Téléthon d'Edgar

Edgar est un garçon de douze ans qui vit dans un village aux environs de Nice. Il a les yeux très noirs et un sourire malicieux. Il aime rouler vite dans son fauteuil électrique. Quand il joue au basket, son copain Benjamin reste à côté d'Edgar pour lui attraper le ballon. Je suis venue pour la journée tourner un reportage. Les montagnes autour du village, la maman qui soulève des montagnes pour son fils, le maire, la prof de gym, les copains du collège, l'orchestre rock de quadras pour récolter des fonds.

— Comment vous tenez? je demande à la maman.

— L'amour, elle répond avec ses grands yeux bleus. Il faut expliquer ça aux gens, elle me dit, le Téléthon, c'est pas que de l'argent, c'est de l'amour.

*(27 novembre 2010)*

# Mon identité nationale

*À l'automne 2009, Nicolas Sarkozy charge son ministre de l'Immigration, Éric Besson, d'organiser un grand débat sur l'identité nationale.*

Je me souviens, monsieur Besson, de toutes les fois où j'ai été fière d'être française.

Je me souviens quand j'étais déléguée de classe en quatrième et qu'on a tous chanté « La Marseillaise » le 11 novembre dans la cour d'honneur du lycée Carnot.

Je me souviens de mon père, qui a été caché par une école de la Croix-Rouge pendant la guerre.

Je me souviens de la finale de la Coupe du monde en 1998, quand on se sentait invincible en chantant « I Will Survive ».

Je me souviens de Dominique de Villepin à l'ONU qui a refusé la guerre en Irak avec ces mots : « C'est un vieux pays, la France, d'un vieux continent comme le mien, l'Europe... »

Je me souviens du score de Jacques Chirac au deuxième tour des présidentielles de 2002.

Je me souviens des Français qui donnent de l'argent au Téléthon, alors qu'ils n'en ont pas beaucoup.

Je me souviens que je suis fière d'avoir des origines étrangères.

Je me souviens de la cour de récréation, quand on me disait : « Roumanoff popoff kalachnikoff » (et aussi « Roumanoff patate », mais ça, c'est parce que j'étais potelée).

Je me souviens de Lydia, ma grand-mère russe. Lydia a changé trois fois de pays dans sa vie (la Lituanie, l'Allemagne, la France). À soixante-dix-huit ans, elle a été chez son coiffeur en demandant qu'on lui fasse la même coiffure que Lady Di. L'année de la terminale, je déjeunais tous les lundis chez elle. Quand j'essayais de lui parler le russe (que j'avais choisi en deuxième langue), elle protestait : « Parrle français, je ne comprrends rien. » Mon prof de russe était polonais, ça ne m'a pas aidée pour l'accent.

Je me souviens de Gracia, ma grand-mère du Maroc. Gracia rêvait de devenir écrivain. Quand elle tapait un énième début de roman sur une petite machine à écrire mécanique au milieu de ses sept enfants qui piaillaient, sa sœur lui demandait, moqueuse : « Ça va, Victor Hugo ? », et ma grand-mère, convaincue de son destin, haussait les épaules.

L'identité nationale, monsieur Besson, puisque vous voulez absolument y réfléchir, c'est aussi râler,

tout critiquer,
ne jamais être content,
se croire plus malin que les autres,
doubler dans les queues,
aimer bien manger,
boire trop,
savoir s'habiller,
mal parler anglais,
ne jamais avoir tort,
avoir l'air au courant de tout,
n'être dupe de rien,
n'en penser pas moins.

Quand je pars en vacances à l'étranger, au début je suis contente de ne plus voir de Français. Et puis, très vite, ça me manque. À l'aéroport, au retour, quand j'entends des gens qui ronchonnent, sans même avoir besoin de tourner la tête, je sais que ce sont des Français. J'ai retrouvé mon identité nationale.

Je ne suis pas sûre que ce débat fasse remonter la cote de popularité de ce gouvernement.

Ça n'est jamais bien de poser des bonnes questions pour de mauvaises raisons.

*(1er novembre 2009)*

# Table

*Cet ouvrage a été composé*
*par Atlant'Communication*
*au Bernard (Vendée)*

*Achevé d'imprimer sur Roto-Page*
*par l'Imprimerie Floch à Mayenne*
*en février 2014*
*pour le compte des Éditions de l'Archipel*
*département éditorial*
*de la S.A.S. Écriture-Communication*

*Imprimé en France*
N° d'impression : 86440
Dépôt légal : mars 2014